BEI GRIN MACHT SICH IHR WISSEN BEZAHLT

- Wir veröffentlichen Ihre Hausarbeit,
  Bachelor- und Masterarbeit

- Ihr eigenes eBook und Buch -
  weltweit in allen wichtigen Shops

- Verdienen Sie an jedem Verkauf

Jetzt bei www.GRIN.com hochladen
und kostenlos publizieren

Kework Kalustian

Über den Werkbegriff

Überlegungen und Positionen ausgehend von der Musikphilosophie Theodor W. Adornos

GRIN Verlag

Bibliografische Information der Deutschen Nationalbibliothek:

Die Deutsche Bibliothek verzeichnet diese Publikation in der Deutschen National-
bibliografie; detaillierte bibliografische Daten sind im Internet über http://dnb.d-
nb.de/ abrufbar.

Impressum:

Copyright © 2010 GRIN Verlag GmbH
Druck und Bindung: Books on Demand GmbH, Norderstedt Germany
ISBN: 978-3-640-85124-9

Dieses Buch bei GRIN:

http://www.grin.com/de/e-book/168174/ueber-den-werkbegriff

GRIN - Your knowledge has value

Der GRIN Verlag publiziert seit 1998 wissenschaftliche Arbeiten von Studenten, Hochschullehrern und anderen Akademikern als eBook und gedrucktes Buch. Die Verlagswebsite www.grin.com ist die ideale Plattform zur Veröffentlichung von Hausarbeiten, Abschlussarbeiten, wissenschaftlichen Aufsätzen, Dissertationen und Fachbüchern.

Besuchen Sie uns im Internet:

http://www.grin.com/

http://www.facebook.com/grincom

http://www.twitter.com/grin_com

Justus–Liebig–Universität Gießen

Zentrum für Philosophie und Grundlagen der Wissenschaft

Hauptseminar:

Musik verstehen?

Hausarbeit:

Über den Werkbegriff.
Überlegungen und Positionen ausgehend von der Musikphilosophie Theodor W. Adornos

Kework Kalustian

Inhaltsverzeichnis

Über den Werkbegriff.
Überlegungen und Positionen ausgehend von der Musikphilosophie Theodor W. Adornos

*Unverhüllt [...] ist das Wahre der
diskursiven Erkenntnis, aber dafür
hat sie es nicht; die Erkenntnis,
welche Kunst ist, hat es, aber als
ein ihr Inkommensurables.*

Theodor W. Adorno (»Ästhetische Theorie«)

1. Einleitung

Die Frage, was ein musikalisches Werk sei, wirft eine ganze Reihe von Problemen auf, die sich zum einen auf das Sein des Werks beziehen und zum anderen auf das Erkennen desselben. Dabei wird aber beim genaueren Eingehen auf die oben gestellte Frage deutlich, dass die Musik einen anderen Status inne hat, als die anderen Künste, vor allem zeigt sich diese Differenz in Beziehung zur bildenden Kunst und zur literarischen. Doch was allen Künsten eigen ist, ist das soziologische Moment, wodurch sich die Zugehörigkeit zur Kultur auszeichnet: Kunst ist ein sozio-kulturelles Phänomen. So werde ich auch in diesem Aufsatz immer wieder die sozio-kulturellen Aspekte bei der Untersuchung des Werkbegriffs einbeziehen.

Im ersten Teil werde ich grundlegende Überlegungen zum Kunstwerk anstellen und dabei aus einem soziologischen Moment heraus der Frage, wann ein Werk »Kunst« sei, nachgehen. Dabei wird deutlich werden, dass ein Werk als ein solches erst angesehen wird, wenn es eine ästhetische Würdigkeit erfüllt; diese ist vornehmlich durch Innovation und Authentizität gegeben. Zudem wird immer klarer werden, dass eine Ähnlichkeit von Musik und Sprache besteht, nicht zu letzt deshalb, weil beide Medien »Etwas« in ähnlicher Weise vermitteln; dies geschieht aber in einer immateriellen Weise, denn im Gegensatz zur bildenden Kunst ist Musik als auch Sprache nicht unmittelbar dinglich oder fassbar. Wobei hier etwas genauer differenziert werden müsste, da die Musik etwas dinghafter ist, als die Sprache: In der Musik werden stets Instrumente benötigt, wodurch sich eine Dinghaftigkeit auszeichnet, aber diese ist ja zur Vermittlung des nicht-fassbaren Werks notwendig, ebenso wie das Sprechorgan als das Instrument für die nicht-fassbare Sprache oder Stimme gelten kann, wodurch dann auch a-capella-Werke in gleicher Weise Instrumente benötigen. Dieser Sprachähnlichkeit werde ich mich in einem kurzen

Exkurs widmen, um systematisch die Ähnlichkeiten und somit auch die Unterschiede beider Medien zu thematisieren.

Nach dem Exkurs werde ich nochmals einen soziologischen Aspekt behandeln, den Vermittlungsbegriff Adornos, der viele Aspekte, die ich bis dahin unterschieden und herausgestellt haben werde, in diesem Begriff zusammenfasst. Doch die Frage nach dem Werkbegriff wird durch diese soziologischen Feststellungen noch nicht hinreichend geklärt sein. Zur Klarheit soll meine getroffene Unterscheidung von ästhetischem und syntaktischem Sinn führen. Für das Erkennen eines Kunstwerks, das den zweiten Teil der Arbeit bildet, ist diese Unterscheidung grundlegend, denn es kann, nach Adorno, nur derjenige Musik verstehen, der tatsächlich Musik *macht.* Das heißt aber, dass diese beiden Sinn-Arten, ästhetischer und syntaktischer, verstanden werden müssen. Diesen Prozess des Verstehens habe ich durch Triangulationsmodelle versucht zu verdeutlichen.

Im letzten Abschnitt werde ich dann versuchen die Methoden aus dem vorangegangen Teil explizit auf das musikalische Verstehen zu konzentrieren. Dabei wird sich zeigen, dass zum Nachvollzugs eines Werks der Wahrheitsbegriff zentral ist. Die sozio-strukturellen Probleme, die dadurch zustande kommen, dass nämlich nur die sogenannten »Experten« die Musik verstehen, bilden mit dieser offenen Fragestellung den Abschluss dieser Arbeit: Werden die »echten« Werke, dadurch, dass nur die »Experten« diese verstehen können vielleicht hinfällig, da die Konsumgesellschaft mehr auf die kommerzialisierte Kulturindustrie eingeht und nach ästhetischer Einförmigkeit verlangt?

2. Exposition - Wann ist ein Werk »Kunst«?

Auf die Fragestellung, was ein Kunstwerk auszeichnet oder überhaupt was ein Kunstwerk sei, wird es unumgänglich sein auf die Verdinglichung, auf das Objekt selbst, einzugehen. Auf das musikalische Werk bezogen, heißt dies offensichtlich: Was ist der Inhalt, was ist der Sinn, des musikalischen Werks? Bei der Beantwortung dieser Frage eröffnet sich ein Problem, das eigentümlich nur auf die Musik als zeitliche Kunst zutrifft. Und zwar besteht das Problem der Musik in Abgrenzung zu anderen Künsten, vor allem der bildenden Kunst, darin, dass die Musik keine genuine oder zumindest keine eindeutige Verdinglichung für sich beanspruchen kann. In der bildenden Kunst ist es hingegen dem Rezipienten nämlich unschwer möglich das äußere Wesen eines Werkes zu erfassen, hierbei sei an eine, im eigentümlichen Sinne des Wortes, fassbare Skulptur oder an ein Gemälde erinnert. Die bildende Kunst ist also schon an sich fassbarer und nach der Vollendung eines Werks absolut, das heißt, das Werk ist autonom und steht für sich. Kurzerhand: Es ist etwas Artifizielles verdinglicht, welches dann rezipiert und interpretiert werden kann. Das heißt aber im Umkehrschluss nicht, dass alles, was z.B. bildnerisch zwar geschaffen worden ist aber nicht rezipiert wird, ein Kunstwerk sei[1], es muss vielmehr eine Vermittlung, im kommunikativen Sinne, zwischen Werk und Rezipientenschaft erfolgen, um dann interpretiert werden zu können. Oder anders ausgedrückt: Das potentielle Kunstwerk muss als solches zunächst wahrgenommen werden, bevor es bezüglich seines Weltbezugs interpretiert werden kann. Ohne diese Vermittlung ist das sogenannte Kunstwerk ein ›privates‹ Werk[2] des Urhebers. Damit geht einher, dass der ästhetische Wert des Kunstwerks in gewisser Weise hinfällig wird. Vielleicht wird gegen diesen Gedanken dahingehend argumentiert werden, dass ein ›privates‹ Werk ebenso einen ästhetischen Wert bei seinem Urheber provoziert und dadurch einen ähnlichen Status einnimmt wie ein ›öffentliches‹ Werk, das auf seine

---

[1] Durch diese Eingrenzung des Kunstbegriffs, dass eine Vermittlung, eine Exemplifizierung des Werkes selbst stattfinden muss, ist in einem weiteren Schritt offengelegt, dass einigen Werken klarerweise eine andere, höhere, Qualität zukommt als anderen Werken. Also unterscheiden wir schon selbst bei artifiziellen Verdinglichungen, welches Werk sozusagen eine entsprechende Qualität und Würdigkeit aufweist, um in den Kanon der sogenannten Kunstwerke aufgenommen zu werden. Doch dieser Umstand verkompliziert die Lage noch mehr, denn die ästhetische Würdigkeit beschreibt selbst keine deskriptiv objektivierbare Indikation im ›Objektiven‹, im Werk selbst. Das heißt dann aber, dass diese ästhetische Würdigkeit auf jeden Fall im ästhetisch erfahrenden Subjekt konstatiert sein muss. Was allerdings nicht bedeutet, dass die ästhetische Würdigkeit ein gänzlich relativistisches Phänomen sei, denn dass eine intersubjektive, wenngleich sozio-kulturell eingegrenzte, Einigkeit, mitsamt einem inneren Dissens, über bestimmte Werke und Phänomene vorliegt, ist nicht zu leugnen: So auch z.B. die intersubjektive Einigkeit über die Würdigkeit eines Monet-Werks in einem bestimmten, unserem, Kulturkreis.

[2] Vgl. Wittenstein, L. (1958).   *s*   *t rsu u*   (= Ders. (1989).   *r us*   Frankfurt a.M.: Suhrkamp. Aphorismen: 243, 256, 261.   ).

4

Rezipientenschaft wirkt. Doch wenn das tatsächlich der Fall wäre und der ästhetische Status eines ›privaten‹ Werks auf den der Makroebene sublimiert würde, dann wäre auch jeglicher ästhetische Wert auf der Makroebene hinfällig, da es so keine ästhetische Differenz zwischen den Werken gäbe; so könnte alles Artifizielle in legitimer Weise »Kunst« genannt werden. Es würde gleichsam ein ästhetischer Anarchismus, also eine absolute Autonomie-Ästhetik auf der tatsächlichen Mikroebene herrschen und so könnte allenfalls die Gesamtheit der individuellen *Ästhetiken*, die ästhetische Pluralität, als makrosoziologische Totalität betrachtet werden, wobei jeder ästhetische Wert auf der Makroebene neben einem anderen koexistieren würde. Darüber hinaus wäre es ein müßiges Unterfangen von verschiedenen sozio-strukturellen Ebenen zu sprechen, die für eine totale Ästhetik, einem Ästhetik-Paradigma, konstitutiv sein könnten, da diese Ebenen durch die Sublimierung vielfacher ›privater‹ Werke nivelliert würden. Das heißt, die Unterstellung, dass ein Werk für seinen Urheber den gleichen graduellen Wert inne haben könnte, wie ein ›öffentliches‹ Werk, läuft fehl[3]. Anthony Giddens gibt einen Hinweis zur soziologischen Struktur, der hilfreich für dieses Verständnis des Werturteils sein kann, da ja das Werturteil offenkundig ein soziologisches Phänomen ist. Giddens sagt, dass die »Konstitution von Handelnden und Strukturen [...] nicht

---

[3] Zur logischen Bestätigung dieser Annahme sei ein Wahrheitsbaum angeführt, der diesen Gedanken in einer fassbareren Form darlegt. Dabei werde ich allerdings methodisch so vorgehen, dass ich den Widerspruch zur Annahme bestätige, d.h. zunächst annehme, dass ›private‹ Werke den gleichen ästhetischen Wert ›öffentlicher‹ Werke einnehmen.

F: ...›privat‹;
x: ...Werk;
G: ...›öffentlich‹.

Widerspruch zur Annahme: $\neg$ [$\forall$x (Fx $\Rightarrow$ Gx) $\Rightarrow$($\forall$x Fx $\Rightarrow$ $\forall$x Gx)], da dieser Satz negiert ist, operiere ich mit dem dem Widerspruch zur Annahme, alternativ könnte man mit einer doppelten Negation den Wahrheitsbaum entwickeln, was aber unnötiger Weise umständlicher wäre.

1. $\forall$x (Fx $\Rightarrow$ Gx) $\Rightarrow$ ($\forall$x Fx $\Rightarrow$$\forall$x Gx)
2. $\neg$ [$\forall$x (Fx $\Rightarrow$ Gx) $\Rightarrow$($\forall$x Fx $\Rightarrow$ $\forall$x Gx)]
3. $\forall$x (Fx $\Rightarrow$ Gx)
4. $\neg$ ($\forall$x Fx $\Rightarrow$$\forall$x Gx)
5. $\forall$x Fx
6. $\neg$ $\forall$x Gx
7. $\exists$x $\neg$ Gx
8. $\neg$ G a
9. F a
10. Fa $\Rightarrow$ Ga

¬Fa   Ga

x   x

Da dieser Satz prädikatenlogisch wahr ist, ist somit die Widersprüchlichkeit der Annahme hergeleitet. D.h.
$\neg$ [$\forall$x (Fx $\Rightarrow$ Gx) $\Rightarrow$ ($\forall$x Fx $\Rightarrow$ $\forall$x Gx)] ist wahr.

zwei unabhängig voneinander gegebene Mengen von Phänomenen [betrifft] - einen Dualismus -, sondern beide Momente stellen eine Dualität dar«[4]. Dabei ist mit der ›Dualität der Struktur‹ offensichtlich das Handeln, welches die Gesellschaft beeinflusst gemeint und die Umkehrung desselben, also dass die Gesellschaft das Handeln prägt. Für das ästhetische Werturteil heißt dies, dass einerseits ästhetische Autonomien, individuelle Werturteile, die totale ästhetische Struktur einer Gesellschaft mehr oder minder beeinflussen und das andererseits dadurch das gesellschaftlich-ästhetische Paradigma geprägt wird und somit keine absolute Koexistenz individueller ästhetischer Werturteile möglich ist. Somit sind auch keine absolut ›privaten‹ Werke möglich, da diese durch das gesellschaftlich-ästhetische Paradigma beeinflusst sind. Und umgekehrt könnte klarerweise das ›private‹ Werk, das nur von seinem Urheber rezipiert wird, nicht für das totale gesellschaftlich-ästhetische Paradigma von Einfluss sein. Auch wenn man dem entgegenhalten wollte, dass das Nicht-Beeinflussen des Paradigmas bereits der Einfluss sei, so würde dies aber klarerweise nichts an der ästhetischen Bedeutungslosigkeit des »Werks« ändern.

Ähnlich verhält es sich mit einer ›privaten‹ Sprache, dessen Grammatik und Semantik nur der Urheber kennt und nur dieser jene »Sprache« sprechen kann. Dass diese Sprache an Bedeutung verliert ist offensichtlich, da das kommunikative Moment, was eigentümlicherweise eine Sprache auszeichnet, völlig fehlt - so erklingen letztlich nur bedeutungslose Laute. Die Analogie, die ich hier gewählt habe, ist insoweit für uns relevant, da nämlich die Musik eine Sprachähnlichkeit aufweist, auf die ich an späterer Stelle näher eingehen werde. Aber ebenso wie die Sprache drückt Musik ›Etwas‹ aus - ob das nun eine Emotion, ein bloßer Stimulus oder ein form-strukturelles Moment sei, wie z.B. die kompositorische oder satztechnische Raffinesse.

Nach diesen grundlegenden und einleitenden Überlegungen bezüglich des generellen Seins künstlerischer Werke, soll das Augenmerk nun auf das Erkennen der musikalischen Werke gerichtet werden. Denn wie bereits oben kurz angerissen ist das Problem der kommunikativen Vermittlung musikalischer Werke, also dem Erkennen der Werke, schwieriger als bei Werken der bildenden Kunst. Das ist so zu erklären, dass nach der Beendigung der Partitur-Niederschrift des Komponisten, das Werk oder die kompositorische Arbeit zwar abgeschlossen, aber noch nicht absolut

---

[4] Giddens, A. (1984). *Die Konstitution der Gesellschaft: Grundzüge einer Theorie der Strukturierung.* (1988). Frankfurt a.M.; New York: Campus. S. 77.

ist. Denn durch die reine, notwendigerweise lückenhafte, graphische Darstellung von musikalischen Gedanken, also der Notation selbst, ist die Musik, wie wir sie wahrzunehmen pflegen, noch nicht gegeben. Jene Verdinglichung in Form von Notation musikalischer Gedanken muss erst vermittelt werden, dazu ist es aber notwendig, dass jene Gedanken zunächst einmal durch einen Sänger oder Instrumentalisten wiedergegeben - interpretiert - werden. Es muss demnach, anders als beim bildnerischen Werk, Vorarbeit geleistet werden; es muss erst der Sinn eines Werks erkannt werden, bevor es klingend als tatsächliches Werk vermittelt werden kann. Andernfalls werden bloß willkürliche Laute produziert, völlig kontextbefreit. Also, was ist dann das tatsächlich musikalische Werk? Gibt es überhaupt so etwas wie »das musikalische Werk«, und in welchem Verhältnis stehen Partitur und Interpretation? Und was ist ein musikalischer Sinn?

Adorno unterscheidet die ›Verdinglichung‹ und ›Vermittlung‹ eines musikalischen Werks derart, dass dabei die Partitur zunächst die ›erste Verdinglichung‹ bildet - sie stellt sozusagen die strukturelle Idee des Werkes in einem gleichsam platonischen Sinne dar. Adorno nennt diese Idee das ›Objektive‹. Die Partitur verräumlicht durch die Notation, als ›erste Verdinglichung‹, das primär zeitliche Wesen der Musik (vgl. Adorno, 1953: S. 158) und ist dadurch reproduzierbar. An dieser Stelle ist genau die Crux, denn es ist zu betonen, dass keine Absolutheit des Werks in der Partitur vorhanden ist, wie bereits schon genannt, sondern stellt die Partitur lediglich die »notwendig fragmentarische, lückenhafte, der Interpretation bis zur endlichen Konvergenz *bedürftige* Notation eines Objektiven« (Adorno, 2001: S. 11) dar. Dass der Interpret diese ›Lücken‹ erkennen muss, um sie ausfüllen zu können ist keineswegs eine Trivialität. Denn eine Notwendigkeit hierfür ist, dass der Sinn des Werkes, wie schon genannt, erfasst wird, damit zumindest die theoretische Prämisse einer Reproduktion gegeben ist. Die Frage nach dem »Sinn« ist beim literarischen Werk oder einem Gedankens offenkundig mit dem semantischen Inhalt desselben konnotiert, jedoch ist dieser semantische Inhalt in der Musik nicht gegeben, was nun die Frage nach dem musikalischen Inhalt und somit auch nach dem musikalischen Werk und seiner Interpretation verkompliziert. Die Musik beinhaltet an und für sich keine Logik, im Sinne des wahrheitserhaltenden Schließens, wie die meinende Sprache und auch keinen unmittelbar semantischen Sinn; was eben impliziert, dass keine explizite Darlegung des ästhetischen Sinns oder des Weltbezugs vorhanden ist. Also kann keine unmittelbare, d.h. syntaktisch begründete, Semantik in der absoluten Musik vorhanden sein, da wir andernfalls der Musik eine zur Sprache äquivalente Semantik zusagen müssten, wodurch zumindest implizit eine Übersetzung in eine beliebige Sprache möglich wäre. Darüber hinaus ist es auch schwierig zu behaupten, dass der Musik eine immanente Semantik zukäme, denn der Gedanke, dass eine musikalische Phrase durch eine andere sinngemäß zu stützen oder zu ersetzen sei, ist hinfällig. Klarmachen lässt sich dies, wenn wir annehmen, dass z.B. ein Rezipient ein vom Instrumentalisten vorgetragenes Werk nicht verstanden hat, so kann der Instrumentalist nicht mehr tun, als sein zuvor Gespieltes zu wiederholen (vgl. Vogel, 2007: S. 318). Denn eine sinngemäße Wiederholung oder Betonung des Werkes, in der Weise, wie etwa »Paul ist krank« und »Paul ist nicht gesund« ist musikalisch nicht möglich - denn wie sollte man beispielsweise eine Melodie wahrheitserhaltend, also sinngemäß, durch eine andere ersetzen, dass die Bedeutung erhalten bleibe? Vielleicht würde eingewandt werden, dass durch Transposition oder Transkription eines Werks der Inhalt in sprachähnlicher Weise erhalten bleibe, doch auch dieses Vorhaben wird fehlschlagen, da gleichsam musikimmanente Reformulierungen eines Gedankens, durch eben solche Transpositionen oder Transkriptionen, nichts anderes sind, als die bloße Wiederholung des Inhalts. Offensichtlich wird dies, wenn wir wieder einen Bezug zur Wortsprache bilden. So wäre die Übersetzung von »Paul ist krank« in »Paul is ill« eine äquivalente Analogie zu einer Transkription eines musikalischen Werks. Aber mit der bloßen Wiederholung ist nichts weiter gewonnen, da wir vor den gleichen Problemen stehen wie zuvor. Denn, wenn z.B. ein Franzose, welcher weder des Deutschen noch des Englischen mächtig ist, den deutschen »Paul-Satz« nicht versteht, wird er ihn auch nicht verstehen können, wenn ihm der englische »Paul-Satz« vorgesetzt wird. Um überhaupt der Musik eine semantische Vollwertigkeit, wie die der Sprache, zubilligen zu können, müsste es, wie bereits angedeutet, möglich sein, absolut Musikalisches ohne inhaltliche Verluste in die Wortsprache zu übersetzen und umgekehrt, da dies aber nicht möglich ist, werde ich auch nunmehr nur von musikalischem *Sinn* sprechen, da keine semantische Bedeutung in der Musik vorliegt womit es auch müßig ist von musikalischer Bedeutung zu sprechen.

Was ich unter musikalischen Sinn verstehe, werde ich explizit nach dem folgenden notwendigen Exkurs herleiten. Da ich bis jetzt zwar die Unterschiede von Sprache und Musik dargestellt und gezeigt habe, dass Musik klarerweise nicht dieselbe Qualität der Sprache aufweist, aber vorher die Adornosche These genannt und vertreten habe, dass Musik ›sprachähnlich‹ sei, werde ich den folgenden Exkurs geben, um diese These und auch die nachfolgenden Analogiebildungen zur Sprache zu untermauern; also jene durch die ›Sprachähnlichkeit‹ der Musik zu begründen.

2.1 Exkurs: Sprachähnlichkeit

Die klarste Ähnlichkeit der Musik zur Sprache ist wohl die der Systemkonsistenz beider Medien. So weisen beide Medien jeweils eine hohe Strukturierung ihres Gefüges auf, was ebenso impliziert, dass es jeweils eine systemimmanente Logik gibt, die ihrerseits konstitutiv für die Konsistenz der beiden Medien ist. In der Wortsprache ist neben der syntaktischen Konsistenz die grammatikalische konstitutiv; analog dazu ist in der Musik die systemimmanente Logik durch Tonsatzregeln ausgezeichnet. Beiden Medien haben durch ihre systemkonsistente Ähnlichkeit gemeinsam, dass sie eine Richtigkeit und Falschheit aufzeigen. Dadurch bringen sie die gleichen »logischen« Voraussetzungen für ein kommunikatives Moment mit, doch wie ich bereits oben gezeigt habe, zeichnet sich die Wortsprache durch Weltbezüge aus, die durch Intentionalität und Semantik gegeben sind. Die Musik hingegen ist keine meinende Sprache, sie ist intentionslos und somit auch semantisch bedeutungslos, sie ermöglicht stattdessen, so Adorno, eine ›begriffslose Erkenntnis‹[5]. Neben den oben thematisierten »logischen« Ähnlichkeiten weist Albrecht Wellmer, darauf hin, dass eine Ähnlichkeit beider Medien auch dahingehend bestehe, dass Übertragungen wortsprachlicher Termini, solcher Ausdrücke wie ›Satz‹, ›Periode‹, ›Thema‹, ›Gedanke‹, ›Schluß‹ usf., auf die Musik keineswegs arbiträr seien[6]. Mit dem Hinweis Adornos der ›begriffslosen Erkenntnis‹ ist die nichtarbiträre Übertragung der eben genannten Termini auf die Musik tonsprachlich zu erklären: Denn das Erkennen musikalischer Kontexte, bei entsprechend vorhandenen musiktheoretischen Kenntnissen seitens des Rezipienten, erfolgt über die Erfahrung musikimmanenter »Bedeutungen«, wobei hier explizit nicht eine semantische Begrifflichkeit gemeint ist - damit stehen auch nicht jene musikimmanenten »Bedeutungen« der zuvor negierten musikimmanenten Semantik kontradiktorisch gegenüber - vielmehr stellen die musikimmanenten »Bedeutungen« die ›begriffslose Erkenntnis‹ des musikalischen Werks dar. Mit den

---

[5] Paddison, M. (1998).*The Language-Character of Music. Some Motifs in Adorno.* (= Klein, R./Mahnkopf, C.-S. (1998). *Mit den Ohren denken. Adornos Philosophie der Musik.*) Frankfurt a. M.: Suhrkamp. S. 74.

[6] Wellmer, A. (2009). *Versuch über Musik und Sprache.* München: Carl Hanser. S.29.

musikimmanenten »Bedeutungen« meine ich hier dasjenige, was bereits Eduard Hanslick betonte:

> »In der Musik ist Sinn und Folge, aber *musikalisch* [...] Es liegt eine tiefsinnige Erkenntnis darin, daß man in Tonstücken von ›Gedanken‹ spricht, und wie in der Rede unterscheidet das geübte Urteil leicht echte Gedanken von bloßen Redensarten.«[7]

Mit den ›echten Gedanken‹ sind offenbar jene gemeint, die vor allem eine Innovation darstellen und authentisch sind aber natürlich auch, dass diese ›echten Gedanken‹ der Sprach-Logik folgen, d.h. syntaktisch und grammatikalisch richtig sind. Hierbei ist die Analogie zur Musik nicht von der Hand zu weisen, denn, wie bereits oben gezeigt, unterliegt die kadenzharmonische Musik, ebenso wie die Wortsprache, einem strukturiertem Regelwerk, das eine eigene Syntax aufweist und so in hinreichendem Maß ein kommunikatives Moment beinhaltet. Wellmer weist im Weiteren erneut auf Adorno hin, der zur Tonsprache »begriffsähnliche Momente wie ›die stets wieder mit identischer Funktion einzusetzenden Akkorde, auch eingeschliffene Verbindungen wie die der Kadenzstufen, vielfach selbst melodische Floskeln, welche die Harmonie umschreiben[...]‹«[8] zählt. Nicht zu letzt auf der Grundlage dieses Gedankens erscheint es mir noch mehr als legitim von einer Sprachähnlichkeit der Musik zu sprechen, trotz dem Fehlen eines semantischen Moments; denn die Prämisse für eine musikalische Kommunikation ist durch die ›begriffsähnlichen Momente‹ erfüllt. Darüber hinaus ist offensichtlich die *richtige,* regelkonforme, Anwendung des Tonsatzes, d.i. die Syntax, die zudem ein Innovation oder zumindest etwas Authentisches[9] darstellt, konstitutiv für einen ›echten Gedanken‹. Ferner besteht eine

---

[7] A.a.O. S. 29.

[8] A.a.O. S. 30.

[9] Mit diesen Prämissen der Innovation und der Authentizität für einen ›echten Gedanken‹, ist ein Kriterium formuliert, das ebenso für die gesamte Wertigkeit eines Werks gelten kann, und somit auch entscheidend für die Auswahl oder die Aufnahme eines Werks in den Kunstwerk-Kanon verantwortlich ist. Wie ich bereits zu Beginn dieses Exkurses gezeigt habe, weist die Musik durch ihre »Grammatik« Wahrheitswerte wie »richtig« und »falsch« auf. Allerdings sind diese Wahrheitswerte in der Musik noch von weitere Bedeutung, denn neben der syntaktisch-grammatikalischen Stimmigkeit ist die ästhetische ungleich essentieller. Denn wenn Komponisten lediglich die »Grammatik« richtig einsetzen, d.h. den Tonsatz nach seinen Regeln befolgen und, wie Adorno schreibt, ›selbst melodische Floskeln, welche die Harmonie umschreiben‹ einsetzen, ist mitnichten eine künstlerische oder gar kreative Arbeit geleistet - ähnlich verhält es sich in der bildnerischen Kunst (wobei man im folgenden Fall, kaum von »Kunst« sprechen sollte). Ich denke hierbei an das sogenannte »Malen-nach-Zahlen«, das darin besteht, ein vorgegebenes graustufiges Bild mit Farben innerhalb einer bestimmten Fläche auszufüllen, wobei die Flächen mit Zahlen kodiert sind, welche die zu verwendende Farbe angeben.
Vor diesem Hintergrund wird klar, dass das bloße Befolgen und Anwenden von rezeptionsästhetisch etablierten ›Floskeln‹ nicht ein wertvolles Werk zum Ausdruck bringen kann. Nicht zu letzt deshalb sind in den künstlerischen Hochschulen bloße naturalistische Zeichnungen von nicht allzugroßer Wertigkeit, wenngleich die zeichnerischen Voraussetzungen hervorragend sein mögen, d.h. die Kreativität, die Innovation, die Authentizität sind unmittelbar konstitutiv für ein »Kunstwerk«. Diese letztgenannten Prämissen für ein wertvolles Werk können nur dann erfüllt werden, wenn die vermeintlich etablierten Regeln gebrochen oder zumindest neu kontextualisiert werden. Um ein historisches Beispiel einer solchen Innovation zu geben, sei an dieser Stelle auf die Beethovensche

weitere Ähnlichkeit beider Medien, neben dem strukturellen Moment, in der phonetischen Eigenschaft, wobei auch hier die Wortsprache, wie beim syntaktisch-grammatikalischen Aspekt, eine Art Referenz bildet, auf die sich die Tonsprache bezieht. Aber genau dieser Umstand zeigt nochmals die Grenzen der Tonsprache. Die phonetischen Eigenschaften beider Medien heben also nicht die »Fremdheit zum Begriff« (Adorno; 2001: S. 222) auf, sie bringen vielmehr eine weitere Diskrepanz zum Ausdruck (ebd.):

> »Vom Ton a ist der Name a zu trennen, ohne daß er an musikalischer Bestimmtheit das Mindeste verlöre; Buchstabe und Vokal a ebenso trennen zu wollen, wäre müßiges Beginnen. Denn das Aussprechen des Namens a zitiert den Laut a, nicht aber das Nennen des Tones a diesen. Mit anderen Worten: das Zeichensystem der Sprachschrift und die Sprache gehören einem homogenen System an, die Musik und ihre Schrift zwei verschiedenen. [...] Gerade weil Musik eine intentionslose Sprache ausmacht, ist der signifikative Charakter ihrer Schrift, die Differenz von Zeichen und Bezeichnetem, zum qualitativen Bruch gesteigert.«

Dennoch besteht der graphische Zusammenhang beider Medien, somit auch die Vergegenständlichung des Mimetischen, an anderer Stelle werde ich genauer den Begriff der Mimesis erläutern. Dieser graphische Zusammenhang legt ein weiteres Moment offen, und zwar das der Zeitlichkeit. Zum einen ist durch die Fixierung der Gedanken, rein musikalische sowie rein sprachliche, ein histographischer Beleg konstatiert und zum anderen wird durch die Geschichtlichkeit eine Veränderung

---

Symphonik verwiesen. Auch wenn bereits die ersten acht Symphonien jeweils ein gelungenes Werk darstellen, d.h. die bereits genannten Prämissen erfüllen, so stellt die oftzitierte Neunte die tatsächliche Innovation in der symphonischen Gattung dar. Denn die Verwendung eines Chors mitsamt Solo-Sängern definierte die Gattung »Symphonie« neu, sodass dieses Werk durchaus als Prototyp für die Symphonien die folgen sollten angesehen werden kann - hierbei sei z.B. an die Mahler-Symphonien erinnert, vor allem die »Symphonie der Tausend«.
Nun was heißt das, dass normativ-ästhetische Regeln gebrochen oder neu definiert werden sollen? Wenn sie stets erneuert werden sollen, warum soll es dann überhaupt noch normativ-ästhetische Regeln geben, wenn sie dann doch gebrochen werden? Mit dem Brechen von ästhetischen Normen und etablierten Regeln, soll kein ästhetischer Anarchismus provoziert werden, sondern soll es dadurch vielmehr möglich sein Innovationen zu ermöglichen. So ist z.B. die Symphonik Beethovens, durch ihre Innovation der ästhetischen Normen, die ihrerseits musiktheoretisch konstituiert sind, auch als eine reflexive, musikimmanente Kritik an der Haydnschen Symphonik zu verstehen. Auf die Gefahr hin, dass durch zuviel Innovationen Werke nicht verstanden werden, ist es ein leichtes jene Werke als ›unzeitgemäß‹ zu betiteln, um überhaupt den Kunstbegriff auf sie anwenden zu können, doch m.E. nach erfolgt hierdurch ebensoschnell eine Sublimierung eines vielleicht genuin misslungen Werks. Um gegen einer willkürlichen und in gleicher Weise graduellen Kategorisierung des ästhetischen Begriffs des »Kunstwerk« entgegenzusteuern, scheint es mir wichtig, dass die Prämisse der kunstimmanenten reflexiven Kritik in Werken, die noch als innovativ gelten mögen und sich an der Grenze zum »Unzeitgemäßen« befinden, erfüllt sein muss, um zureichend eingrenzen zu können, was »echte Werke« von bloßen »Machwerken« unterscheidet - somit auch die »Werke« eines Dilettanten in Abgrenzung zu denen eines tatsächlichen Künstlers. Nun wird man diesem Gedanken entgegenhalten wollen, dass mit ihm noch nicht geklärt ist durch wen die Begutachtung jener »Grenzwerke« erfolgt, und inwieweit diese Gutachten eine Gültigkeit beanspruchen können. Der Einwand ist zwar berechtigt, aber er kann nichts dem Gedanken entgegensetzen, weil ich hinzufüge, dass die Begutachtung, wie bei sämtlichen Werken, durch die Rezipienten samt Kritikern erfolgt. Gesetzt dem Fall, dass die Rezipienten das Werk negieren und der »Künstler« noch immer an seinem Werk oder seinem ästhetischen Paradigma in gleicher Weise festhält, verfällt das sogenannte Werk, das dann kein tatsächliches mehr ist, da die gesellschaftlich-ästhetische Rezeption fehlt, in ein ›privates‹ Werk (vgl. S.3) und wird damit hinfällig.

möglich, die für die kulturelle Evolution, literarisch sowie musikalisch notwendig ist. Denn gerade durch die histographischen Belege sind die bereits diskutieren Parameter der Innovation und der Authentizität erst möglich. Allein durch die Erinnerung und die tradierte Ausübung kultureller Phänomene wie Dichtung, Musik, Tanz usf., wäre der kulturelle status quo kaum denkbar - erinnert sei hierbei an die Naturvölker, die zwar eine Kultur vornehmlich oral und gestisch tradieren, jene aber nicht in ähnlicher Weise so entwickelt, d.h. vergegenständlicht ist, wie unsere abendländische. Ob diese Differenz in irgendeiner Weise zu bewerten sei, ist anmaßend und für unser Vorhaben belanglos und überflüssig, daher werde ich auch diesen Gedanken in dieser Form belassen.

Ich habe versucht in diesem - zugegebenermaßen - kurzen Exkurs zu zeigen, dass es trotz der thematisierten Grenzen der Tonsprache dennoch legitim ist, von einer tonalen »Sprache« zu reden, da beide Medien, Musik und Sprache, viele strukturelle und gestische Ähnlichkeiten aufweisen, die einerseits für das jeweilige Medium von zentraler Bedeutung sind und andererseits auch einen unmittelbaren Einfluss auf das jeweils andere Medium haben. So denke ich, dass es auf jeden Fall deutlich geworden ist, dass eine Sprachähnlichkeit der Musik vorliegt, wenngleich einige Aspekte, die hier einfach den Umfang übersteigen würden, viel ausgiebiger behandelt werden sollten.

2.2 Vermittlungsbegriff und syntaktischer und ästhetischer Sinn

Um nun wieder auf die tatsächliche Erfassung des musikalischen Sinns zurückzukommen, will ich an dieser Stelle zunächst den Vermittlungsbegriff Adornos näher umreißen, von dem ich bereits oben sprach, der vor allem für den *ästhetischen* Sinn entscheidend ist. Zunächst ist festzuhalten, dass der Adornosche Begriff der Vermittlung vielmehr impliziert als es vom eigentümlichen Verständnis aus zu vermuten wäre. Ausgehend von der Dialektik-Methodologie Adornos erscheint der Begriff der Vermittlung am transparentesten. Denn jene ›Vermittlung‹ stellt einen Prozess dar, der selbst in einer dialektischen Beziehung von Antinomien steht, bei dem diese allerdings offengelegt werden und sich keine Nivellierung jener vollzieht. Das heißt, es ist nicht die bloße Kommunikation, so Adorno mit Bezugnahme auf Hegel, »[...] zwischen der Sache und denen, an welche sie herangebracht wird [...]«, sondern ist die ›Vermittlung [...] die Sache selbst‹ (Paddison, 2007: S. 191). Die dialektische Beziehung jener Antinomien ist dadurch ausgezeichnet, dass sie selbst der ›Sache‹ dahingehend inhärent sind, dass sich in der ›Sache‹ einerseits jene Momente nach Paddison wiederfinden lassen, die beim Schaffen des Werks die gesellschaftlichen Strukturen in der Weise widerspiegeln, dass sozio-kulturelle Aspekte bereits das zu schaffende Material dadurch vorformen, dass der Künstler bereits auf die kunstspezifischen strukturellen Gegebenheiten trifft. Hiermit wird die Aufmerksamkeit auf die Prozessualität der ›Sache‹, dem Kunstwerk, gerichtet. Damit geht die angesprochene dialektische Beziehung der Antinomien einher, dass nämlich im Prozess des Schaffens bewusst eine genuine Natürlichkeit negiert wird. So ist das Geschaffene mit dem genuin Natürlichen inkommensurabel. Doch nicht diese Widersprüchlichkeit oder anders ausgedrückt die Dichotomie von Artifiziellem und genuin Natürlichem, soll mit den Antinomien gemeint sein, sondern vielmehr die nivellierte Widersprüchlichkeit derselben, die »um den Schein der Unmittelbarkeit zu erwecken« erfolgt (Paddison, 2007: S.189); und diese nivellierte Widersprüchlichkeit wird im genannten dialektischen Prozess offengelegt. Diese Widersprüchlichkeit, so Paddison weiter, stelle das ›zentrale Problem‹ dar, »dem sich Adornos Ästhetik selbst widmet.« (ebd.). Feststeht, dass ein Kunstwerk rational konstruiert ist und an sich nichts genuin Natürliches enthält - ebensowenig wie eine kleine Terz einen Kuckucksruf tatsächlich darstellt, als eher mehr oder minder adäquat nachahmt. Und hiermit ist genau die dialektische Beziehung angesprochen, die im Adornoschen Denken als zentral erscheint, gemeint ist die von *mimesis* und *ratio*. Zur Darlegung beider Gegenstandsbereiche weist Paddison in seinem bereits zitierten Aufsatz auf Wellmer hin, der diese so zusammenfasst:

> »Rationalität und Mimesis müssen zusammentreten, um die Rationalität aus ihrer Irrationalität zu erlösen. Mimesis ist der Name für die sinnlich rezeptiven, expressiven und kommunikativ sich anschmiegenden Verhaltensweisen im Prozeß des Lebendigen. Der Ort, an dem mimetische Verhaltensweisen im Prozeß der Zivilisation als *geistige* sich erhalten haben, ist die Kunst: Kunst ist vergeistigte, d.h. durch Rationalität verwandelte und objektivierte Mimesis.«[12]

Weiter stellt Paddison jene Vermittlungsebene vor, die ich bereits oben unter dem Aspekt der ästhetischen Würdigkeit charakterisiert habe: Gemeint ist die Ebene der Innovation und Authentizität, die eine kunstimmanente Dialekt dahingehend darstellt, dass, durch den historischen Bezug des Schaffenden auf gelungene Werke, versucht wird das kunstspezifische Idiom einerseits beizubehalten und andererseits es

---

[12] A.a.O. S. 191.

umzuformulieren, es neu zu setzen. Wobei hier die Ähnlichkeit zum vorher genannten Aspekt nur zum Teil zutrifft, denn mit dieser Vermittlungsebene meint Paddison offenkundig dasjenige, was ich vorher im Zusammenhang mit der ästhetischen Würdigkeit mit dem »Unzeitgemäßen« aus einer anderen Perspektive versucht habe darzulegen, nämlich die bewusste Reflexion, ob das Neugeschaffene eine ›Unmöglichkeit‹ darstellt oder, ob es tatsächlich ›erfolgreich‹ sein kann (vgl. Paddison, 2007: S. 186-199). Für die weiteren Überlegungen ist diese differenzierte Betrachtung des Vermittlungsbegriffs hilfreich, da vor diesem Hintergrund der kultursoziologische Aspekt der Werk-Würdigkeit entscheidend für die Frage nach dem Erfassen des musikalischen Sinns ist.

Durch den Exkurs zur Sprachähnlichkeit wurde deutlich, dass uns eine semantische Bedeutung vorenthalten bleibt, aber andererseits wurde auch deutlich dass wir einen musikalischen Sinn wahrnehmen können. Was aber ist ein musikalischer Sinn? Zunächst ist zu bemerken, dass ein musikalischer Sinn auf der einen Ebene einen klanglichen Zusammenhang darstellt, der sich - ausgehend von der funktionalen Harmonik - auch symbolisch oder eben graphisch äußert. Durch diese systematische Eingrenzung wird aber deutlich, dass sich offenbar kein einheitlicher musikalischer Sinn formulieren lässt, da sich anscheinend nicht-funktionsharmonische Musik durch andere Sinn-Parameter konstituiert. Für die Erfassung musikalischer Werke heißt dies, auf dem Stand der bisherigen Überlegungen, dass der Sinn offenbar in Abhängigkeit zum genrespezifischen Idiom steht.

Im folgenden möchte ich diesen Gedanken als weitere Überlegung verfolgen, so schlage ich vor von einem ästhetisch-absoluten Sinnzusammenhang zu sprechen, da, um ein negativ Beispiel zu geben, z.B. bei seriellen Kompositionen keine unmittelbare Funktion, somit auch kein unmittelbar ästhetisch-absoluter Sinnzusammenhang von musikalischen Phrasen zu erfahren ist, wenngleich serielle Kompositionen strenge Regeln aufweisen, womit der ästhetisch-absolute Sinn unmittelbar konnotiert ist. Anders ausgedrückt oder positiv formuliert: Als einen ästhetisch-absoluten Sinnzusammenhang kann man z.B. die Fortschreitung eines Dominantseptakkords zur Tonika oder auch zu einer mediantischen Funktion, wenn z.B. ein Trugschluss eintreten soll, bezeichnen und zwar deshalb, da mit dem Erklingen eines Dominantseptakkords unmittelbar eine Auflösung desselben konnotiert ist, sowohl ästhetisch als auch funktionstheoretisch. Aber auch Begleitungen von Melodien stellen sich sozusagen selbstklingend im Sinnzusammenhang »logisch«, d.h. harmonisch, dar. Allerdings ist dieser Umstand

14

nicht mit der oben genannten wahrheitserhaltenden Logik zu verwechseln, sondern soll hier die Aufmerksamkeit auf den *Zusammenhang* eines musikalischen Gedankens gelegt werden, der gleichsam eine ästhetische Stimmigkeit darstellt,. Folgendes Notenbeispiel soll dies verdeutlichen:

An diesem Notenbeispiel, ein Ausschnitt eines Menuetts aus dem Notenbüchlein der Anna Magdalena Bach[13], sind unzweideutig die Funktionen zu bestimmen: Es handelt sich um die klarste Kadenzbildung T-D-T, wobei die Dominante mit g`- e`` (Zählzeit 3 des ersten Taktes) nur angedeutet wird (durch das Fehlen des Grundtones c`` bei der besagten Zählzeit, handelt es sich hierbei um eine verkürzte Dominante). Offenkundig hierbei scheint die Begleitung, der Bass, zu sein, der sich sozusagen notwendig aus der Melodie ergibt, und zwar derart, dass die Akkordgrundtöne (f-c-f) das Gerüst für die Begleitung bilden, so könnten wir auch hier von einem ästhetisch-absoluten Sinnzusammenhang sprechen. Problematischer ist die Anwendung dieses Gedanken, wie schon oben genannt, auf serielle Kompositionen, da jene nicht harmonisch gebunden sind. Zum Nachvollzug sei wieder ein Beispiel angeführt: An einem Akkord aus Anton Weberns George-Lied op. 3, Nr. 1, will Hans Heinrich Eggebrecht zeigen, dass jener Akkord weder eine eindeutige Konsonanz noch Dissonanz aufzeige. Dazu schreibt er, dass der Akkord die Atonalität stifte, oder anders ausgedrückt, dass er »nicht mehr ›konsonier[t]‹ und ›dissonier[t]‹, sondern ›sonier[t]‹, [...]« (Eggebrecht, 2005: S. 680) - diese Differenzierung ist zunächst aber nur terminologisch, denn auch wenn wir Eggebrechts Gedanken der »Sonanz« aufnehmen wollen, müssen wir seinen

Sinnzusammenhang näher definieren. Eggebrecht sieht in dem angeführten Akkord den Sinn darin markiert, dass er, analog zum Dominantseptakkord in der

---

13 Zit. nach: Eco, U. (1977). *Das offene Kunstwerk*. Frankfurt. a. M.: Suhrkamp. S.170.

funktionsharmonischen Musik, ein Akkord sei, der als »Devise der atonalen, funktionsbefreiten Komposition« (ebd.) angesehen werden könne. So soll dieser ›sonante Klang‹ strukturell einen analogen oder vielmehr äquivalenten Sinn zu einem Dominantseptakkord haben, womit aber eine Funktion konnotiert ist, wenngleich die Funktion des ›sonanten Klangs‹ nicht funktionstheoretisch (Riemann) zu verstehen ist, sondern vielmehr im eigentümlichen Sinne, nämlich als »zweckmäßig«. Allerdings verleitet Eggebrechts Definition, dass der »Webern-Akkord« die Atonalität stifte, zu der Annahme, dass jener Akkord, in der seriellen Musik ähnlich zu gebrauchen sei, wie der Dominantseptakkord in der sogenannten klassischen Musik, was aber nicht der Fall ist. Womit auch die getroffene Analogie zum Dominantseptakkord hinfällig wird. Dennoch wird vor diesem Hintergrund klar, dass es hilfreich ist mindestens zwei Arten des musikalischen *Sinns* zu unterscheiden: Zum einen besteht offenbar der Sinn in einem strukturellen Kontext, also als a) *syntaktischer Sinn,* und zum anderen b) ist der Sinn *ästhetisch* festzumachen. So bilden die rezeptionsästhetisch begründeten Parameter, wie Konsonanz, Dissonanz oder gar Sonanz, die Grundlage des syntaktischen Sinns (vgl. Dominantseptakkord).

Auf unseren Fall bezogen ist die Überlegung Eggebrechts differenzierter zu betrachten, denn es ist immer noch nicht geklärt, wie man neben dem syntaktischen vor allem den ästhetischen Sinn erkennt, um ein Werk in adäquater und gültiger Weise zu interpretieren, was ja die Ausgangssituation ist, dass nämlich der Interpret den Sinn erkennen muss[14], um ein Werk interpretieren zu können. Adorno sieht und prangert diese Problematik, solcher bloßen Begriffsettiketierungen ebenfalls an, die lediglich den syntaktischen Sinn konstatieren, und zwar derart, dass das bloße versehen von Entitäten mit Begriffen unzureichend ist, da mit diesen Begriffen operiert wird ohne aber das ästhetische Wesen dieser Entitäten damit in hinreichender Art ergründet zu haben (wie es mit dem Begriff der »Sonanz« oder mit der funktionalen, zweckmäßigen, Nicht-Funktion des besagten Webern-Akkords geschehen ist): »Man versteht ein Kunstwerk nicht, wenn man es in Begriffe übersetzt - tut man einfach das, so ist es vorweg mißverstanden -, sondern sobald man in seiner immanenten Bewegung darin ist; fast möchte man sagen, sobald es vom Ohr seiner eigenen Logik nach nochmals komponiert, vom Auge gemalt, vom sprachlichen Sensorium mitgesprochen wird.« (Zit. nach: Vogel, 2007: S. 317).

---

[14] Da der Sinn eines Werkes mit der Würdigkeit desselben einhergeht, ist damit vorausgesetzt, dass das entsprechende Werk tatsächlich ein Kunstwerk ist. Vlg. die Überlegungen der Anmerkung 1 und 7.

Wobei jene ›eigene Logik‹ differenzierter zu betrachten ist, als nach dem eigentümlichen Verständnis, dass z.B. bestimmte Schlusswendungen oder Akkordprogressionen immer nur eine ›eigene Logik‹ besäßen. Wellmer verweist auf einen Gedanken Neuwirths, der das eben Genannte, wie folgend, untermauert und den Begriff der ›eigenen Logik‹ näher umschließt:

»Wenn ein Akkord wie f-ces-es-as bei Wagner im lokalen Zusammenhang zu hören ist, so erhält er als Klang (›Tristanakkord‹) die verschiedenen Dreiklangs-und Tonartbezeichnungen. In Debussys ›Pelleas‹ und in den Werken neuer Musik, die folgen, wird dieser Akkord als eine Konstellation von Intervallen aufgefasst, die nicht mehr bedeutet als den Zusammenklang von zwei kleinen und einer großen Terz; notwendig werden in einer so begründeten Komposition (ohne tonale Auflösungsverpflichtungen) ganz andere Konsequenzen der musikalischen Logik gefordert.«[15]

Darüber hinaus legt diese Bemerkung Neuwirths ein Moment offen, welches auch für den oben diskutierten »Webern-Akkord« ebenfalls zutrifft. Denn der ästhetische Sinn eines Klangs, oder umfassender gefasst, eines Werks steht einerseits in Abhängigkeit zum syntaktischen Kontext und andererseits zum rezeptions-ästhetischen Paradigma, also auch zur oben thematisierten Vermittlung. Historisch argumentiert lässt sich dies vergegenwärtigen: Seit dem Mittelalter galt z.B. der Tritonus als zu vermeidende Dissonanz, doch spätestens seit dem letzten Drittel des 20. Jahrhundert ist dieser Klang, dieses Intervall, emanzipiert und wird in Bereichen der populären Musik zwar nicht als perfekte Konsonanz, dann doch als emanzipierterer Klang behandelt. Dies ist auf das gegenwärtige rezeptions-ästhetische Paradigma dahingehend zurückzuführen, dass dieses ›diabolisch‹ konnotierte Intervall, durch die Säkularisierung, nunmehr einen obsoleten ästhetischen Sinn inne hat, vielmehr ist dieses Intervall nun mit neuen rezeptionsästhetischen Paradigmen konnotiert; zudem ist die Handhabung dieses Intervalls, wie bereits angedeutet, abhängig von dem ideologischen Konzept eines Genres. So gilt der Tritonus z.B. im Metal eher noch als ›diabolisch‹, allerdings ist in diesem Genre vielmehr die Betonung und Häufung des Intervalls vorzufinden, als seine Vermeidung. Was allerdings nicht heißen soll, dass jede Band, die dieses Intervall häufig in ihren Songs benutzt ›diabolisch‹ sei. Ebenso erklingt dieses Intervall nämlich schlicht als Signal und wird als sozusagen musikalisches Logo gebraucht (z.B. das erste Intervall des Titelsongs der postmodernen

---

[15] Wellmer, 2009: S. 35.

Zeichentrickserie »The Simpsons«). Somit nimmt der Tritonus einen neuen syntaktischen und ästhetischen Wert in der postmodernen Musikkultur ein.

Was also bei dieser Beobachtung auffällt ist, dass trotz dem Fehlen musikimmanenter Bedeutungen, in Sinne der wortinhärenten Bedeutungen, eine Art ästhetische Semantisierung musikalischer Gedanken erfolgt. Genau diese Art der Semantisierung ist es, die letztlich die Referenz für den ästhetischen Sinn konstituiert und mitverantwortlich für den Kunstbegriff ist. Oder anders ausgedrückt: Die dialektische Beziehung zwischen ästhetischer Semantisierung, also dem ästhetischem Sinn, und dem syntaktischen Sinn ist konstitutiv für das »Kunstwerk«; d.h. letztlich steht hinter diesem ganzen begrifflichem Apparat der zuvor erläuterte Adornosche Vermittlungstopos, der die Gegenstandsbereiche der Semantisierung und des rezeptionsästhetischen Paradigmas zusammenfasst.

3. Durchführung - Methodologische Ansätze

Nachdem ich im ersten Teil dieser Arbeit Überlegungen vornehmlich ontologischer Art in Bezug auf den Kunstbegriff einerseits und auf den Begriff der musikalischen Werks andererseits angestellt habe, möchte ich in diesem Teil vornehmlich die methodologische Sicht zur Sinn-Erfassung darstellen; dabei werde ich ausgehend von Wahrheitstheorien und Triangulationsmodellen auf den Holismus Donald Davidsons eingehen und diesen mit Adornos Denken verknüpfen, um dann den Bezug zur Musik im dritten Teil dieser Arbeit bilden zu können.

Wichtig erscheint mir hier zunächst, dass wir festhalten sollten, dass »Sinn« eine andere Qualität hat, als das Objekt selbst, auf den der Sinn zutreffen soll - dabei scheint es angemessen zu sein, dass das Objekt auf den sich der Sinn beziehen soll eine primäre Qualität einnimmt und der Sinn entsprechend eine sekundäre. Anhand dieser feststellenden Unterscheidung wird klar, dass wir die Entität eines Objekts als absolut oder autonom erkennen sollten, um so dem Objekt eine sekundäre Qualität, einen Wert (Sinn), zuzuschreiben. Dasjenige, was wir zu erkennen vermögen muss also in einer bestimmen Weise der Fall sein, es muss also eine bestimmte Korrespondenzrelation zwischen Tatsachen und Fällen zur Wirklichkeit geben: Es ist ›alles wahr, was in der Welt der Fall ist‹ (vgl. Wittenstein, 1918: §1 f.). Auf diese ›Fälle‹ beziehen wir uns in einer triangulativen Weise. Die triangulative Relation besteht zwischen drei Propositionen, oder genauer, zwischen drei propositionalen Gehalten (Symbol, Referenz und Referent):

Referenz

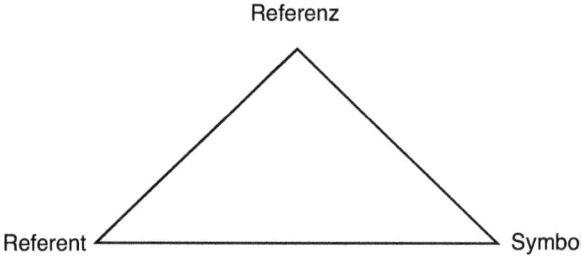

Referent   Symbol

Zum Nachvollzug dieses Modells sei folgendes gesagt: Das ›Symbol‹ ist als graphische Fixierung eines Sachverhalts, einer Referenz, zu verstehen, wie etwa Buchstabenkonstellationen (z.B. »Mensch«) auf das eigentliche Objekt - Referenz - (also zweibeinige, aufrechtgehende höhere Säugetiere usf.) referieren. Während es aber gleichgültig ist, ob bspw. das englische »Human«, oder das französische »L'Homme« als Symbol gebraucht wird, denn der propositionale Gehalt des Ausdrucks bleibt ja der Selbe, da auf das gleiche Objekt referiert wird. Die Relation zwischen ›Symbol‹ und ›Referenz‹ erfolgt dann über den ›Referenten‹. Mit Hilfe dieses Modells ist z.B. der Erstsprach-Erwerb zu verstehen, was für unseren Fall, die Anwendung auf die Musik, in entsprechender Weise eine Gültigkeit beansprucht kann. Nun sei aber der Bezug zur meinenden Sprache erläutert: Das zuvor angeführte Triangulationsmodell Ogdends und Richards (vgl. Eco, 1977: S.109) ist in dieser Hinsicht auf ein zweites Subjekt (Subjekt II) zu erweitern, wobei wir dann eine Abwandlung des bereits erläuterten semiotischen Dreiecks erhalten (vgl. Bühler, 1934: S. 28):

Referenz (Ding/Fall)

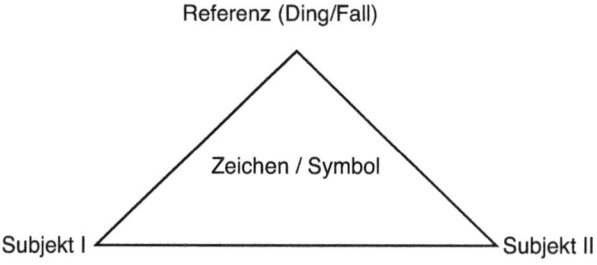

Zeichen / Symbol

Subjekt I   Subjekt II

Zur Erklärung dieses Modells sei folgendes gesagt: Es sei angenommen, dass das Subjekt I (Elternteil) dem Subjekt II (Kind) evokativ - über sprachlich-demonstrative oder expressive Mittel, wie z.B. Zeichen und Symbole (Bilder/Gesten) - eine Referenz (Verhältnis zwischen Symbol und Referenz) vermittelt. Wodurch Subjekt II die gleiche kognitive Fähigkeit wie Subjekt I (im Idealfall) erlernen und das gleiche ›Spiel‹ spielen kann (vgl. Wittgenstein, 1958: Aphorismen 2 und 7). Bei der Betrachtung der vorgestellten Triangulationsmodelle fällt in einem weiteren Schritt auf, dass die Objekte, auf die wir referieren, keine inhärenten Bedeutungen beanspruchen und somit können wir auch nicht mit einem Begriff das jeweilige Objekt absolut bestimmen, und gerade hierdurch konstituiert sich notwendigerweise die sprachliche Unzulänglichkeit. Auch hier spielt der schon genannte Gedanke Adornos mit hinein, welcher darauf aufmerksam macht, dass die bloße Etikettierung musikalischer Gedanken durch sprachliche Mittel zum Scheitern verurteilt ist: »Denn der Name ist keine Mitteilung von einem Gegenstand« (Adorno, 1953: S. 155). Dass Adornos Wahrheitsbegriff, auf den ich an späterer Stelle genauer eingehe, mit dem begriffskritischen Holismus einhergeht, stellt insoweit keine Besonderheit dar, da Adornos Wahrheitsbegriff konstitutiv für sein Denken ist, so betont er in seiner »Vorlesung über Negative Dialektik«:

> »Es handelt sich um den Entwurf einer Philosophie, die nicht den Begriff der Identität von Sein und Denken voraussetzt und auch nicht in ihm terminiert, sondern die gerade das Gegenteil, also das Auseinanderweisen von Begriff und Sache, von Subjekt und Objekt, und ihre Unversöhntheit, artikulieren will.«[16]

Bevor ich aber gleich genauer auf den Adornoschen Wahrheitsbegriff eingehe, soll zunächst der holistische Bezug näher erklärt werden, da ja für eine Sinn-Erfassung eine Wahrhaftigkeit bestehen muss, auf die sich dann der Sinn beziehen kann (s. o. Qualitätsunterscheidungen). Und da Sinn und Wahrhaftigkeit (objektivierbare Entitäten), vor dem Hintergrund der letzten Überlegungen, sich in einem komplementären Verhältnis befinden, liegt es allzu nahe auf den Holismus einzugehen: Auch wenn es dem Wesen des Holismus, dem komplementären Bedingen einzelner Elemente zu Gunsten eines gesamten Zusammenhangs, konträr gegenübersteht, einzelne Elemente des Holismus, namentlich die von Donald Davidson, offenzulegen, die mit dem Adornoschen Denken durchaus einhergehen,

---

[16] Adorno, Theodor W. (1965/66).*Vorlesung über Negative Dialektik. Fragmente zur Vorlesung.* Frankfurt am Main: Suhrkamp (2007). S.15 f.

wie Henk Borgdorff darauf aufmerksam macht, soll es trotzdem versucht sein diese darzulegen [17].

Davidsons holistisches Konzept betont die Unbestimmtheit (›Indeterminacy‹) der Interpretation derart, dass Bedeutungen (›meanings‹) und Überzeugungen (›beliefs‹) in einer komplementären Abhängigkeit zu subjektiven und intersubjektiven Dispositionen stehen. Hiermit distanziert sich Davidson dann vom sogenannten »›Third Dogma‹ of Empiricism« [18], also dem Unterschied zwischen konzeptuellenm Schema (›conceptual scheme‹) und empirischem Inhalt (›empirical content‹). Das heißt also, dass ›Ding‹ und Begriff derart miteinander verwoben sind, dass gleichsam keine Vorstellung ausserhalb des Begriffs möglich ist, was aber in keinster Weise heißt, dass der Begriff das ›Ding‹ in einer Kantischen Weise schüfe oder dem ›Ding‹ internistisch wäre - dies würde eher dem ›Third Dogma‹ gerecht, da eben unterstellt wird, dass es zumindest möglich wäre ein ›Ding‹ konzeptuell vom Begriff aus herzuleiten. (Zur Verdeutlichung dieses Konzepts sei z.B. die Bezugnahme auf theoretische Entitäten vor allem in der theoretische Astrophysik verwiesen. Auf eine detaillierter Ausführung will ich hier verzichten, da es für unsere Belange in dieser Weise den notwendigen und hinreichenden Hintergrund bildet.) Adorno kritisierte ebenfalls dieses konzeptuelle Denken derart, dass er die Kantische Negation der Denk-Kategorien a priori dahingehend ablehnte, da wir ja bereits Konzepte von »Etwas« besitzen müssten, womit wir diese bspw. dann negieren könnten. Lambert Zuidervaart schreibt dazu:

> »Like Hegel, Adorno criticizes Kant's distinction between phenomena and noumena by arguing that the transcendental conditions of experience can be neither so pure nor so separate from each other as Kant seems to claim. As concepts, for example, the a priori categories of the understanding (Verstand) would be unintelligible if they were not already about something that is nonconceptual. [...] Not even a transcendental philosopher would have access to them apart from concepts about them. [...] Genuine experience is made possible by that which exceeds the grasp of thought and sensibility. Adorno does not call this excess the "thing in itself," however,for that would assume the Kantian framework he criticizes. Rather, he calls it "the nonidentical" (das Nichtidentische).« [19]

---

[17] Malpas, J. (2009). *Donald Davidson*. Stanford Encyclopedia of Philosophy: http://plato.stanford.edu/entries/davidson/. (Zugriff: 29.07.2010).
und:
Borgdorff, H. (1998). *Holismus, Wahrheit und Realismus. Adornos Musik-Denken aus amerikanischer Sicht.* (= Klein, R./Mahnkopf, C.-S. (1998). *Mit den Ohren denken. Adornos Philosophie der Musik.*) Frankfurt a. M.: Suhrkamp.

[18] Die anderen beiden Dogmen des Empirismus - a) epistemischer Reduktionismus und b) die Unterscheidung von analytischen und synthetischen Sätzen - wurden von W.V. O. Quine, dem Lehrer Davidsons, kritisiert. Dazu: Nimtz, Christian (2003). *Willard V. O. Quine: Die Unterscheidung zwischen analytischen und synthetischen Sätzen.* [= Beckermann, A./ Perler D. (Hg.). (2004). *Reclams Klassiker der Philosophie heute.* Stuttgart: Reclam.]

[19] Zuidervaart, L. (2007). *Theodor W. Adorno.* Stanford Encyclopedia of Philosophy: http://plato.stanford.edu/entries/adorno/. (Zugriff: 29.07.2010).

Mit dem Begriffsapparat Adornos ausgedrückt besteht zwischen »Ding« und Begriff gleichsam eine ›begriffliche Mimesis‹, da der Begriff kontextsensitiv das ›Ding‹ oder das ›Natürliche‹ nachahmend darstellt und somit eben nicht nur die bloße Repräsentation desselben ist. Oder anders ausgedrückt: Das ›Nichtidentische‹ »[...] wäre die eigene Identität der Sache gegen ihre Identifikationen.« (Adorno, 1966: S. 164). Offenkundig heißt das, dass Begriffe das Gedachte eben nicht adäquat abbilden können und nur das ›Nichtidentische‹ begrifflich darstellen: nicht-identische, ›begriffliche Mimesis‹ des ›Natürlichen‹ sind.

Nun für den Wahrheitsbegriff Davidsons heißt dies jedenfalls, dass die Wahrhaftigkeit in einer gleichsam paradigmatischen Dialektik eingebettet ist, und zwar so, dass die Wahrhaftigkeit nicht absolut sein kann, da sie stets in einer wechselseitigen Beziehung zum Menschen steht, abhängig von seinen Paradigmen oder eben auch seinen Dispositionen gegenüber seiner Umwelt. Damit wird implizit die Ablehnung von Kohärenz- und Konsens-Wahrheitsauffassungen postuliert und im Wesentlichen eine Korrespondenztheorie vertreten, wie ich sie bereits oben auch in der Weise vertreten habe, dass ›Etwas der Fall sein muss‹. Und jene ›Fälle‹ sind keine relativistischen wie sie z.B. bei einer Konsenstheorie der Wahrheit auftreten, sondern sind es jene, die wir als objektivierbare ›Dinge‹ voraussetzen, worauf wir uns dann in einem rezeptiven Prozess richten. Die eben angesprochene Dialektik besteht nun dahingehend, dass wir jene objektivierbaren ›Dinge‹, bedingt durch unsere paradigmatischen Dispositionen, *bedeuten* - also ›begriffliche Mimesis‹ von objektivierbaren Dingen, vom ›Nichtidentischen‹ betreiben.

Soweit sei zunächst dieser Teil zur Sinn-Erfassung erläutert und festgehalten, dass wir zum einen immer eine objektivierbare Referenz einer Entität voraussetzen, der wir dann einen Sinn zusprechen und diesen anderen Sprachpartnern vermitteln müssen, um eine Kommunikation führen zu können, ganzgleich ob sprachlich oder gestisch (s. Triangulationsmodelle). Zum andern sollten wir aufgrund des holistischen Weltbezugs, den Davidson darlegt, uns stets vergegenwärtigen, dass Begriff und Wahrheit (Referenz) vor allem abhängig von unseren Dispositionen sind. Und andererseits macht Adorno mit dem Begriff der ›begrifflichen Mimesis‹ und dem des ›Nichtidentischen‹ darauf aufmerksam, dass die Wortsprache, auch wenn sie für das Denken konstitutiv ist, nie das tatsächliche ›Ding‹ darstellt, womit abermals die Unzulänglichkeit der Wortsprache betont wird.

4. Reprise - Anwendung auf die Musik

Das heißt nun, dass wir anerkennen müssen, dass sprachliche Ausdrucksweisen musikalische Gedanken lediglich in hinreichender Weise adäquat ausdrücken können. Aber andererseits stellen wir offensichtlich auch fest, dass eine musikbezogene Kommunikation, zumindest zweierlei, möglich ist; sowohl rein musikalisch, als auch sprachlich z.B. im Instrumentalunterricht, wenn der Lehrer seinem Schüler einen musikalischen Gedanken vermitteln will - also sowohl Kommunikation *über* und *durch* Musik. Die musikimmanente Kommunikation, will ich an dieser Stelle in zwei Gegenstandsbereiche zergliedern, um zu verdeutlichen welche Parameter diese absolut musikalische Kommunikation konstituieren a) Zum einen lässt sich das Phänomen sozio-kulturell veranschaulichen und in einem anderen Schritt b), der mit dem sozio-kulturellen Aspekt einhergeht, wird es möglich die musikimmanente Kommunikation mit dem Adornoschen Begriff der »Mimesis« zu verdeutlichen.

a) Zunächst sei aber der sozio-kulturelle Aspekt erläutert: Offensichtlich ist ein Werk (opus), innerhalb einer bestimmten Hörerschaft, mit anderen Sinneigenschaften konnotiert, als eines, welches in einem anderen sozio-kulturellen Kontext tradiert wird: Beethovens Neunte ist für die deutsch-sprachige Hörerschaft, namentlich die deutsch-österreichische, mit bestimmten ästhetischen Werten oder einem ästhetischen Ideal verbunden, während dasselbe Werk beispielsweise für die angelsächische Hörerschaft abermals andere ästhetische Werte darstellt.

Eine musikimmanente Kommunikation, z.B. beim gemeinsamen Improvisieren oder Jammen mehrerer Musiker, erfolgt üblicherweise ohne jegliche sprachliche Mittel, was nahelegt, dass die Kommunikation absolut musikalisch durchgeführt wird. Dabei stellt sich aber die Frage wie dies funktionieren kann, wenn wir bereits festgestellt haben, dass absolute Musik keine semantisches Moment inne hat. Unter Berücksichtigung der bisherigen Überlegungen können wir annehmen, dass für eine musikimmanente Kommunikation vor allem die eben genannten sozio-kulturellen Prämissen konstitutiv sind und der Kreis derer, die eine solche Kommunikation führen durch jene Rezipienten-Gruppe ausgezeichnet sind, die im Wesentlichen die gleiche Akkulturation oder zumindest eine ähnliche musikalische Sozialisation erfahren haben. Bei diesen Hörern besteht also ein Art intersubjektives Regelwerk, welches zur Erfassung eines musikalischen Sinns dient. Dabei ist offensichtlich jener Sinn-Begriff gemeint, der neben den musikalischen Satztechniken der abendländischen Tradition (syntaktischer Sinn) vielmehr den agogischen, gestischen Gehalt anbetrifft (ästhetischer Sinn). Genau dieser gestische Gehalt ist für ein musikalisches Werk konstitutiv, denn wenn nicht der gestische, sondern der und nur der syntaktische Gehalt für das musikalische Verstehen verantwortlich wäre, dann hieße das, dass bspw. die Musik, die vom Computer ausgegeben wird (MIDI) nicht nur in hinreichender, sondern auch in notwendiger Bedingung »verstanden« worden wäre - was allerdings in höchstem Maße kontraintuitiv erscheint, denn so müssten wir einem Computer ein ästhetisches Verständnis und damit ein Bewusstsein zubilligen. An diesem Punkt gibt Adorno einen Hinweis, der meine getroffene Qualitätsabstufung bezüglich des Nachvollzugs vom musikalischen Sinn untermauert: »Sprache interpretieren heißt: Sprache verstehen; Musik interpretieren: Musik machen. Darum gehört die Idee der Interpretation zur Musik selber und ist ihr nicht akzidentell.« (Adorno, 1956: S. 253). Wie wir auch hier sehen stellt die Interpretation ein wichtiges Moment des ›Musikmachens‹ dar, was auch selbst auf die oben angesprochene Improvisation zutrifft. Denn beim Improvisieren rekurriert der jeweilige Musiker auf Phrasen, musikalische Gedanken, die seine »my music«[20] beinhaltet, das heißt: Es werden beim Improvisieren verschiedene musikalische Formen sozusagen abgerufen und neu zusammengestellt (vgl. ›melodische Floskeln‹, S.7). Ähnlich verhält es sich bei der gesprochenen Sprache: Der Sprecher bezieht sich auf seinen Wortschatz (beim Musiker: »Phrasenschatz«) und stellt neue, zum Teil auch die Selben, Wort-Kombinationen zusammen, wodurch sich sein Sprachstil auszeichnet - beim Musiker ist es analog dazu sein Interpretationsstil, der charakteristisch für ihn ist. Da das Zurückgreifen auf einen individuellen Wortschatzes ein subjektiver Akt ist, stellt sich die Frage wie denn Kommunikation stattfinden kann, wenn doch jegliche Ausdrucksweisen jeweils einen subjektiven Akt darstellen. Es muss also eine Intersubjektivität vorhanden sein, die eine Kommunikation sicherstellt. Bei der meinenden Sprache ist die Intersubjektivität offensichtlich durch die semantische Bedeutung der Wörter gegeben, da aber absolute Musik keine Semantik für sich beanspruchen kann, wie wir bereits zuvor mehrmals festgestellt haben, muss mit anderen Mitteln an das Problem absolut musikalischer Kommunikation herangegangen werden: Wie schon bereits öfters

---

[20] Philip V. Bohlman systematisierte die Sinnebenen, die ein Werk für eine bestimmte sozio-kulturelle Gruppe darstellt, mit Possessiv-Pronomen, so unterscheidet er zwischen »My music«, »Your music«, »Our music« und »Their music«. Dabei stellt »My music« jene Musik dar, mit der ein Hörer akkulturiert worden ist, aber nicht mit Notwendigkeit die individuelle Musikpräferenz. (Die Pluralformen sind analog zu den Singularformen zu verstehen). vgl. Ders. (2001). *Ontologies of Music.* (= Cook, N. [Hg.] (2001). *Rethinking music.* Oxford: Oxford University Press.)

genannt ist der Nachvollzug musikalischen Sinns in sozio-kulturellen Phänomene eingebettet, dieser Umstand lädt dazu ein, das Problem aus dieser Perspektive zu betrachten und nun zu versuchen zu lösen: Mit der Einsozialisierung in eine bestimmte Gruppe und deren Kulturumgang vollzieht sich geradezu eine Art von einer Aneignung etablierter Interpretation, wobei alle Teilnehmer jener Musikkultur »auf gemeinsame paradigmatische Erfahrungsweisen zurückgreifen können [...]« (Vogel, 2007: S. 329) und zudem erfolgt eine Verhaltensaneignung von Rezeptionssituationen, die in den entsprechenden Sozialisationskontexten etabliert sind. Darüber hinaus erfolgt hierdurch eine Strukturierung der ästhetischen Wahrnehmungen, sei es eine Wahrnehmung der Musik oder der bildenden Kunst (vgl. ebd.). Hierbei wird der holistische Bezug deutlich, den ich im zweiten Teil dieser Arbeit angeführt habe: Denn die paradigmatischen Interpretationen sind durch die Überzeugungen (›beliefs‹) der bestimmen Gruppe konstituiert. Womit die Überzeugungen in einer komplementären Abhängigkeit zu den subjektiven und intersubjektiven Dispositionen stehen. Für die Wertigkeit eines Werks ist dieser holistische Bezug ebenfalls entscheidend, denn eine Wertigkeit zeichnet sich durch ideelle und auch semantische Bedeutungen aus, die ihrerseits Überzeugungen beanspruchen, diese können aber nur in einer Gemeinschaft, durch das Interpretieren der Welt auftreten, da selbst individuelle Überzeugungen sich auf andere Überzeugungen gründen und sich nur durch das Vorhandensein von anderen Überzeugungen von ihnen distanzieren oder konvergieren können.[21]

Um wieder auf Adornos Hinweis des ›Musikmachens‹ zurückzukommen, der vorsieht, dass nur und nur diejenigen Musik vollständig verstehen können, welche tatsächlich Musik *machen*, ist implizit gesagt, dass bloße Musik-Hörer - ohne musikalische Kenntnisse, sei es das Spielen-Können eines Instruments oder das gekonnte Singen und das zusätzliche Besitzen musiktheoretischer Kenntnisse - die Musik allenfalls hinreichend verstehen können. Doch bevor ich auf jene Hörertypen, die keine musikalische Expertise besitzen, und den damit verbunden sozio-kulturellen Konsequenzen eingehe, möchte ich nun den Bezug zu den Triangulationsmodellen aus dem zweiten Teil dieser Arbeit bringen und in einem weiteren Schritt, wie oben bereits angemerkt, den Begriffsapparat der »Mimesis« erläutern:

b) Unter Berücksichtigung des erweiterten semiotischen Dreiecks nach Bühler (s.S.

---

[21] Auch durch diese Überlegungen wird die Nichtigkeit ›privater Werke‹ deutlich, wie ich es auch auf den ersten Seiten dieser Arbeit unter anderen Aspekten verdeutlicht habe.

19) ist das mimetische Nachvollziehen des syntaktischen und ästhetischen Sinn zu erklären: Die Referenz, auf die sich die Zeichen (Noten) beziehen, ist durch das gesellschaftlich-ästhetische Paradigma konstatiert, und zwar derart, dass durch ebenfalls paradigmatische Interpretationen der ›öffentliche‹ Status des Werks und damit auch seine ›öffentliche‹ Würdigkeit (vgl. S. 4 f.) begründet ist. Das heißt, dass nun die Interpretation die einstige Position der objektivierbaren Entität einnimmt oder zumindest mit ihr teilt, die ich zuvor schlicht als »Werk« bezeichnete. Also ist nun vor diesem Hintergrund die Dialektik der einstigen ›privaten‹ und ›öffentlichen‹ Werke dahingehend zu präzisieren, dass zumindest mit »Werk«, besonders beim musikalischen, die Interpretation desselben auch verstanden werden sollte und nicht bloß die ›erste Verdinglichung‹ in Notenform. Wenn diese Prämissen von dem Subjekt I erfüllt werden, also das ästhetische Paradigma, damit auch die ästhetische Würdigkeit aus dem Notentext erfahren ist und angewandt wird, kann die kommunikative Vermittlung an das Subjekt II über gestische Mittel erfolgen, wodurch dann das Subjekt II im Idealfall die gleichen speziellen kognitiven Fähigkeiten annehmen kann. Diese syntaktisch-ästhetische Erfahrung des Subjekt II kann dann die Prämisse für eine mögliche Innovation des ästhetischen Paradigmas sein. Allerdings muss das Subjekt I erstmals diese syntaktisch-ästhetische Erfahrung gehabt haben, um diese dann vermitteln zu können. Das heißt, dass das Subjekt I in hinreichendem Maß die »Wahrheit« des spezifischen musikalischen Kunstwerks erkannt haben muss. Hierbei ist es nun hilfreich auf den Wahrheitsbegriff Adornos zu sprechen zu kommen, der, wie ich im vorigen Teil dieser Arbeit angemerkt habe, mit dem holistischen Konzept Davidsons einhergeht. Günter Figal macht auf den Wahrheitsbegriff der Kunst aufmerksam, der in der »Ästhetischen Theorie« Adornos zum Ausdruck kommt (Figal, 1992: S. 334):

>*»Unverhüllt [...] ist das Wahre der diskursiven Erkenntnis, aber dafür hat sie es nicht; die Erkenntnis, welche Kunst ist, hat es, aber als ein ihr Inkommensurables.«*[22]

Letztlich steht hinter diesem Gedanken das bereits thematisierte ›Nichtidentische‹. Denn die ›diskursive Erkenntnis‹, die klarerweise nur wortsprachlich sein kann, kann durch die sprachlichen Unzulänglichkeiten das Wahre, das ›Unverhüllte‹ nicht fassen und so wird das genuin Falsche, das ›Nichtidentische‹, als das ›Wahre‹ genommen.

---

[22] Zit. nach: Figal, G. (1992). *Kritische Theorie. Die Philosophen der Frankfurter Schule und ihr Umkreis.* (=Hüglig, A./Lübcke,P. [Hg]. (1992). *Philosophie im 20. Jahrhundert. Bd.1. Phänomenologie, Hermeneutik, Existenzphilosophie und Kritische Theorie.* (4.Auflage, 2002). Reinbek bei Hamburg: Rowohlt Taschenbuch.)

Und nun steht im zweiten Teil des Satzes der entscheidende Punkt für die Kunst-Wahrheit: Die Kunst besitzt das ›Wahre‹. Vor dem Hintergrund der bereits erfolgten Überlegungen über das gleichsam Physiognomische der Kunstwerke, wird es verständlich worin das ›Wahre‹ konstatiert ist. Wir stellen fest, dass Kunst immer etwas Artifizielles ist und nicht genuin natürlich sein kann; und, dass sich Kunst somit durch Mimesis auszeichnet. Und da wir ebenso festgestellt haben, dass zum »Werk« neben der ›ersten Verdinglichung‹ auch die Interpretation derselben für die Gesamtheit des Werks, d.i. vor allem die Authentizität, konstitutiv ist, wird nun klar, dass das Mimetische, d.h. das ›Nichtidentische‹ das ›Wahre‹ ist - da ja das Mimetische nur das ›Unverhüllte‹ nachahmen kann und somit eine ›Nichtidentität‹ darstellt. Überspitzt formuliert heißt dies: Da zur artifiziellen Physiognomie unmittelbar Mimesis und Nichtidentität gehören und ebenso konstitutiv dafür sind, besteht die Kunst-Wahrheit aus einer ›Verhülltheit‹. Oder kurz: Das ›Verhüllte‹, das Unwahre, das ›Nichtidentische‹, welches Kunst erst als solche ermöglicht, ist das ›Kunst-Wahre‹. Die Inkommensurabilität des Unverhüllten, die Adorno anspricht, die der Kunst eigen ist, lässt sich, nach Figal so verstehen, dass die »Kunst das Wahre nur [hat], indem sie es durch die rationale Konstruktion freisetzt, ohne über es zu verfügen[...].« (ebd. S. 335). Die Konsequenz hieraus ist, dass das Subjekt I, um wieder auf die Triangulation zurückzukommen, das ›Nichtidentische‹ erkennen muss, um es vermitteln zu können, doch da offensichtlich nur das ›Nichtidentische‹ erfahrbar ist (um das tatsächlich ›Unverhüllte‹ überhaupt erfahren zu können, müsste sozusagen eine Rekonstruktion desselben anhand des ›Nichtidentischen‹ erfolgen; aber selbst diese Rekonstruktion wäre schlicht eine Spekulation), kann das Subjekt I nur diese beschnittene Wahrheit, das ›Nichtidentische‹, dem Subjekt II vermitteln. Allgemeiner formuliert heißt dies, dass eine begriffliche Wahrheit der Kunst, aufgrund der Überlegungen Adornos, unmöglich ist, da ja selbst die ›diskursive Erkenntnis‹ das ›Unverhüllte‹ abermals verhüllt. Was sich also immer deutlicher abzeichnet ist die Tatsache, dass Musik nur durch das ›Musikmachen‹ zu verstehen ist, wobei dieses neben den rein kognitiven Fähigkeiten des Musikausübenden in die sozio-kulturellen Gegebenheiten eingebettet ist.

Aufgrund der Überlegungen, dass *auch* diese sozio-kulturellen Gegebenheiten mitverantwortlich für ein adäquates Musikverständnis sind, neben dem kognitiven Nachvollzug der musikimmanenten »Logik«, könnte nun gegen eine kategoriale Ausgrenzung bloßer Musikhörer, solcher ›Ressentiment-Hörer‹ oder Hörer von

»Musik als Unterhaltung«[23], wie sie Adorno bezeichnet, argumentiert werden: Denn jenen Hörer fehlt es nicht an Sozialisationskontexten, in welchen sie eine Ästhetik-Wahrnehmung erfahren haben, die ja für den Nachvollzug musikalischen Sinns mitverantwortlich ist. Aber die wesentliche Kompetenz für ein adäquates Musikverständnis, das ›Musikmachen‹, ist allein durch die Ästhetik-Wahrnehmung nicht gegeben oder allenfalls nur in einer sehr defizitären Weise. Auch wenn jener Hörertypus, der musikalische Laie, »[…]auf dem Wege inneren Mitsingens klangliche Vorstellungen erzeugt […]« (Vogel, 2007: S. 328), so ist arg anzuzweifeln, inwieweit jener Hörer imaginativ den Sinnzusammenhang des gehörten Werks tatsächlich mitverfolgen kann, wenn ihm doch jegliche musikpraktische und musiktheoretische Kompetenzen fehlen - vielmehr ist dieses Verhalten ein rein mimetisches, ohne tatsächliche Reflexion. Denn dass jene Hörer imaginativ mitsingen können, beruht ja lediglich auf der Tatsache, dass sie Ähnlichkeiten zu bereits Bekanntem bilden, zur jeweiligen »my music«. So ist es nicht vorstellbar, dass jene Hörer tatsächlich etwas ihnen gänzlich Unbekanntes beim ersten Hören mitverfolgen können, wohingegen die ›Experten‹ in der Lage sein sollten dies zu tun. Ähnlich verhält es sich wieder bei der gesprochenen Sprache: Ein Sprecher einer Sprache, der die grammatikalischen Strukturen der jeweiligen Sprache kaum oder nur hinreichend erfasst hat, wird wohl kaum als adäquater Sprachpartner gelten können; bspw. trifft dieses Phänomen bei Kindern exemplarisch auf, die noch nicht das Lesen und das Schreiben erlernt haben. Selbst wenn jene Kinder lesen und schreiben können, ist immer noch nicht eine Sprachkompetenz im Sinne des Nachvollzugs der gesprochenen Sprache vorhanden, da auch hier diese Fähigkeiten rein mimetisch sein können. Es erfolgt eine bloße Nachahmung von Lauten und Gesten, die zwar eine semantische Bedeutung haben, aber ebenso besitzen sie ja auch eine syntaktische, die jedoch von absoluten Laien nicht nachvollzogen werden kann. Was also notwendig und hinreichend als Bedingung für den gänzlichen Nachvollzug einer Sprache oder eben einer Musik gelten kann, ist die strukturelle Reflexion über das Gesprochene oder das Gespielte und die Fähigkeit das Gespielte ›vom Ohr seiner eigenen Logik nach nochmals zu komponieren‹.

Dass nur wenige diese Kompetenzen aufweisen ist offensichtlich, daher nennt Adorno auch jene Hörtypen, die diese Expertise besitzen »Experten-Hörer« und analog dazu wären die entsprechenden Sprechertypen gleichsam »Experten-

---

[23] Adorno, T. W. (1968): *Einleitung in die Musiksoziologie*. Reinbek bei Hamburg: Rowohlts deutsche Enzyklopädie. (Bd 292/293.) S.12 ff.

Sprecher«. Dass nach dieser Konsequenz ein elitär-idealistisches Verständnis eines adäquaten Musikers oder Sprechers formuliert ist, ist einerseits kritisch zu betrachten, da nicht jeder eine solche Expertise entwickeln kann, bedingt durch sozio-kulturelle Umstände, und dadurch ebenso impliziert ist, dass jene Hörer oder Sprecher inadäquat seien. Doch andererseits setzt bei diesen Laien die Medienindustrie dahingehend an, dass die kommerzialisierte Massenmusik-produktion nicht mehr von ihren Rezipienten fordert, als eben die Ästhetik-Wahrnehmung, die jene Hörer in ihren Sozialisationskontexten erfahren haben.

Bei dieser Betrachtung steht wieder stark die ›Dualität der Struktur‹, die Giddens in seinem Ansatz betont, im Licht und damit ist ebenso ein soziologischer Holismus formuliert. Denn einerseits ist bei dieser Warenkultur die Voraussetzung ihrer Akteure und andererseits die Struktur der Gesellschaft, hierbei die Major-Label-Lobby, durch ihre Massenmusikproduktion der Dreh- und Angelpunkt.

Entsprechend ist die musikalische Ware durch einen einförmigen syntaktischen Sinn ausgezeichnet, womit die Verständlichkeit der Musik erleichtert wird, da keine musikspezifischen Kenntnisse hierfür erforderlich sind. Das heißt aber auch, dass man strenggenommen bei dieser Art von musikalischer Ware von einförmigen, von durch ›Floskeln‹ durchsetzten »Werken« sprechen muss. [24] Auf der Grundlage unserer bisherigen Überlegungen bedeutet dies, dass Innovation und Authentizität - die Kriterien, für ›echte Werke‹ - kaum erfüllt werden können, da andernfalls die Möglichkeit bestehen könnte, dass so ein »Werk« nicht in hinreichendem Maß den gewollten kommerziellen Erfolg erzielt, wie es die Major-Label-Lobby wünscht. So ist es auch nicht verwunderlich, dass diese musikalische Ware nicht ernsthaft als ästhetisches wertvoll angesehen werden kann. Vielmehr erfolgt durch diese Ware eine bloße Stimulans des konsumgesellschaftlich geprägten ästhetischen Empfindens des Rezipienten. Auch wenn dieser Umstand zunächst negativ aufgefasst werden mag, ist dabei entgegenzuhalten, dass seitens der Produzenten-Lobby in den Major-Labels mitnichten eine Produktion eines tatsächlich künstlerisch wertvollen Werks ernsthaft beabsichtigt ist, was zwar eine scharfe Unterstellung ist,

---

[24] Dies soll aber nicht heißen, dass syntaktische Komplexität zwingend eine ästhetische Wertigkeit konstituiert, vielmehr soll durch diese Eingrenzung verdeutlicht werden, dass einer ästhetischen Einförmigkeit nachgegangen wird. Das heißt: Der *ästhetische Sinn* ist einförmig. Ferner ist aber noch in der popularen Musik der ästhetische Wert zu differenzieren, denn ein Song der *Beatles* ist, vorm Hintergrund der Innovation und Authentizität, ungleich ästhetisch wertvoller (die Performance des Künstlers ist hierfür belanglos, mir kommt es vielmehr auf das absolut-musikalische oder musikimmanente Moment an), als z.B. ein Song von *Lady Gaga*.

aber die Tatsache, wie die Musik vermarktet und rezipiert wird, untermauert nach meinem Ermessen in hinreichendem Maß diese These.[25]

So lässt anhand dieser soziologischen Gegebenheiten feststellen, dass sich die Musikrezeption in zwei große sozio-kulturelle Gruppen aufteilt: Auf der einen Seite stehen, die ›Experten‹, die vor allem die ›echten Gedanken‹, die ›echte Musik‹ verstehen, nachvollziehen und damit auch *machen* können, so wie es Adorno feststellte, dass Musik nur durch das ›Musikmachen‹ verstanden werden kann. So wirken diese ›Experten‹ auch letztlich einer Stagnation der Rezeptionsästhetik entgegen, die vor allem durch die zweite große sozio-kulturelle gleichsam provoziert wird. Dieses Entgegenwirken zeichnet sich vor allem dadurch aus, dass die ›Experten‹ die ›echten Werke‹ verstehen und vielmehr noch interpretieren können, womit sich dem Verfall der ›echten Gedanken‹, der ›echten‹ Werke, in ›private Werke‹ widersetzt wird, da eben noch eine Rezeption dieser Werke stattfindet; wenngleich diese Rezeption quantitativ nicht so schwer wiegt, wie die Rezeption, die vornehmlich von der zweiten sozio-kulturellen Gruppe vollzogen wird.

Auf der anderen Seite steht diese zweite Gruppe, die im Wesentlichen durch jene Hörertypen ausgezeichnet, die keine entsprechende Expertise besitzen, also sämtliche Hörer, die keine ›Experten‹ der Adornoschen Hörertypologie sind. Die Major-Label-Lobby kann ebenfalls zu dieser zweiten Gruppe gezählt werden, da diese jene Hörertypen an ihren defizitären Nachvollzug gleichsam binden, besonders durch das oben diskutierte kommerzorientierte Entgegenkommen. Wäre die Major-Label-Lobby durch die erläuterte Expertise ausgezeichnet, würde die tendenzielle Nichtigkeit des ästhetischen Werts ihrer Ware erkannt werden und konsequenterweise nicht mehr produziert werden. Wenn nur das Kommerzielle ausschlaggebend für die Produktion dieser Ware wäre, dann wäre es nicht minder bedenklich, dass sozusagen die Werte der ›echten‹ Werke, durch die oben erläuterte Warenproduktion, übergangen werden.

Die Tatsache dieser Zweiteilung wirft die Fragen auf, die sich auch der Steppenwolf, in Hermann Hesses gleichnamigen Roman stellt, die pointiert die Bedenken der Kulturentwicklung widerspiegeln - besonders in der Zeit der zwanziger Jahre, in der der Jazz in Europa fuß fasste und mehr und mehr gleichsam zum konsumbürgerlichen Idiom wurde und leichtzugängliche Unterhaltung bot und somit der Beginn dieser Zweiteilung sein sollte:

---

[25] Empirische Untersuchungen, die diese Hypothese validieren oder gar falsifizieren habe ich bei meiner Recherche nicht finden können. Daher belasse ich diese Unterstellung in dieser Form.

»[...] Waren wir alten Kenner und Verehrer des einstigen Europa, der echten Musik, der ehemaligen echten Dichtung, waren wir bloß eine kleine Minorität von komplizierten Neurotikern, die morgen vergessen und verlacht würden? War das, was wir ›Kultur‹, was wir Geist, was wir Seele, was wir schön, was wir heilig nannten, war das bloß ein Gespenst, schon lange tot und nur von uns paar Narren noch für echt und lebendig gehalten? [...]«[26]

Diese Bedenken und Fragen des Steppenwolfs haben nicht an Geltung verloren, denn dass sich sozusagen eine Kultur-Kluft auftut und immer größer wird, ist nicht zu übersehen.

4.1 Coda

Wie lassen sich nun diese ganzen Überlegungen zu einem Ganzen verjüngen, wie lassen sich diese Überlegungen auf den Werkbegriff anwenden? Die Ausgangsfrage dieser Arbeit zielte auf das Sein von Kunstwerken ab, dabei wurde deutlich, dass dies eine sehr vielschichtige Frage ist, die viele Aspekte gleichsam vereinnahmt.

Ich will nun versuchen die wichtigsten Punkte für eine mögliche Beantwortung dieser Frage darzulegen: Hinter dieser ganzen Arbeit sind vor allem folgende Begriffe von zentraler Bedeutung: ›Verdinglichung‹, ›Sprachähnlichkeit‹, ›Vermittlung‹, »ästhetischer und syntaktischer Sinn«, ›Mimesis‹, ›Wahrheit‹, und ›Hörertypologie‹. Sie alle sind für den Werkbegriff entscheidend. Im ersten Teil der Arbeit ging es vornehmlich um die ›Verdinglichung‹ und ›Vermittlung‹ von Kunst und letztlich um die ›Sprachähnlichkeit‹ der Musik. Aus den angestellten Überlegungen wurde dann deutlich, dass Kunst nur ein ›öffentliches‹ Phänomen sein kann und, dass etwas Artifizielles vor allem die Kriterien der Innovation und der Authentizität erfüllen muss, damit es als ›echtes‹ Kunstwerk erkannt und rezipiert wird. Das musikspezifische Problem, welches sich immer mehr abzeichnete, dass keine semantische Bedeutung in der Musik vorzufinden ist, verkomplizierte die Angelegenheit etwas, da ja der Sinn offensichtlich mit Bedeutungen konnotiert ist, diese aber in der Musik nicht vorhanden sind. So schien es mir sinnvoll, dass ich die ›Sprachähnlichkeit‹ der Musik systematisch Darlege, um dann auf das Problem der sozusagen intentionslosen ›Vermittlung‹ gezielter eingehen zu können. Anhand des Exkurses wurde klar, dass Musik eine ebenfalls hohe Strukturierung des Syntaktischen aufweist wie die Wortsprache; genau dieser Umstand gab dann die Stoßrichtung für die

---

[26] Hesse, H. (1927). *Der Steppenwolf.* (Erste Auflage 2007). Frankfurt a. M.: Suhrkamp Taschenbuch S. 44 f.

Unterscheidung von »ästhetischem und syntaktischem Sinn«. Was das Problem der bedeutungslosen Musik und der damit einhergehenden musikimmanenten Kommunikation eingrenzte, denn es wurde deutlich, dass allein der syntaktische Sinn nicht das Werk und somit seine ästhetische Würdigkeit auszeichnete; es musste also vielmehr der ästhetische Sinn sein. Diese Konsequenz zeigte, dass die Überlegungen nicht völlig fehl laufen und dass sich die eingeschlagene Richtung als sinnvoll erwies. Nun war aber die Problemstellung des ästhetischen Sinns etwas komplizierter als die des syntaktischen Sinns. Da wir bereits eingangs festgestellt haben, dass Kunst nur eine ›öffentliches‹ Phänomen sein kann, erschien es sinnvoll aus einem soziologischen Moment heraus den ästhetischen Sinn zu betrachten. Durch Giddens' Ansatz wurde deutlich, dass sich die Rezeptionsästhetik der Gesellschaft mit dem sozio-holistischen Konzept erklären ließ. Also: Die ästhetische Wahrnehmung befindet sich einem reziproken Verhältnis der Makro- und Mikroebene. Für den Werkbegriff bedeutete diese Feststellung, dass die sozio-kulturellen Aspekte bereits das zu schaffende Material vorformen. Aber wie oder wodurch wird das zu schaffende Material vorgeformt? Adornos Begriff der ›Mimesis‹ , der zum Topos der Vermittlung gehört, zeigte dies auf: Es gibt keine natürliche Kunst; Kunst ist immer etwas Geschaffenes und ist dadurch inkommensurabel mit dem Natürlichen. Aber durch das lückenhafte Abbilden des Natürlichen, wird ein Material geschaffen, dass für die nachfolgende Rezeption eine Art Referenz bildet, zumindest beeinflusst das geschaffene Material jenes, welches dann folgen soll. Dabei stellt sich nun wieder die Frage, was denn die Wahrheit eines Werks sei, wenn letztlich das Nachahmen des Natürlichen im Vordergrund der Kunst steht. Diese Frage stellt sich aber nicht als Selbstzweck dar, da auch für das Verständnis eines Kunstwerk das Erkennen seines Sinn, d.h. seiner Wahrheit, von entscheidender Wichtigkeit ist. Adornos Hinweis zur Kunstwahrheit ist hierbei zentral, denn das Kunstwerk, so Adorno, ›habe‹ eine Wahrheit, die sich durch das ›Verhüllte‹, das Unwahre, das ›Mimetische‹, das ›Nichtidentische‹, das Kunst erst als solche ermöglicht, auszeichnet. Jede Form der Wortversprachlichung ist wieder eine Verhüllung des ›Natürlichen‹. So wurde immer mehr deutlich, was sich bereits vorher abzeichnete, nämlich, dass nur derjenige Musik verstehen kann, somit auch den Werkbegriff, der sie auch *macht,* d.h. der sie gestisch darstellt.

Diese Eingrenzung ist reich an Konsequenzen, denn so wird das Verständnis von Musik durch Laien verneint, da sie die Musik nicht hinreichend adäquat verstehen und interpretieren können. Diese Überlegung zeigte ebenso auf, dass im

Wesentlichen zwei große soziologische differenzierbare Gruppen gibt: Zum einen die ›Experten‹, nach der Adornoschen Hörertypologie, und zum anderen all jene, die nicht zu den ›Experten‹ gehören, also die Laien. Dabei hat sich herausgestellt, dass die kommerzorientierte Kulturindustrie mit ihrer Vermarktung ästhetisch einförmiger Ware mehr und mehr das ästhetische Paradigma der Konsumgesellschaft prägt, womit die Würdigkeit der einstig ›echten Werke‹ Gefahr läuft obsolet zu werden.

Für den Werkbegriff heißt dies zusammenfassend: Die ›echten‹ Werke sind zu allererst von Innovation und Authentizität ausgezeichnet. Dann stellen die Werke das Natürliche mimetisch dar, womit sie ›nichtidentisch‹ sind, da aber das nachahmen, d.h. die Mimesis für die Kunst konstitutiv ist, ist gleichsam das ›Nichtidentische‹ das ›Wahre‹. Ferner ist das Werk durch seine Prozessualität gekennzeichnet, da es in Abhängigkeit zum ästhetischen Zeitgeist steht, und somit immer wieder neu interpretiert und verstanden wird. So ist letztlich die Frage nach dem Inhalt eines Werks falsch gestellt; vielmehr ist die Frage auf das Prozessuale oder das Performative eines Werks zu richten.

5. Literaturverzeichnis

Verzeichnis explizit benutzter Literatur, weitere bibliographische Angaben sind an den entsprechenden Stellen aus dem Fließtext oder aus den Fußnoten zu entnehmen.

Adorno, T. W. (1949). *Philosophie der neuen Musik.* (=Ders.: *Gesammelte Schriften. Bd. 12.)* (2003). Frankfurt a. M.: Suhrkamp. S.112-126.

Adorno, T. W. (1953). *Über das gegenwärtige Verhältnis von Philosophie und Musik.* (=Ders.: *Gesammelte Schriften. Bd. 18. Musikalische Schriften V.).* (2003). Frankfurt a. M.: Suhrkamp.

Adorno, T. W. (1956). *Fragment über Musik und Sprache.* (=Ders.: *Gesammelte Schriften. Bd. 16. Musikalische Schriften I-III.).* (1978) Frankfurt a. M.: Suhrkamp.

Adorno, T. W. (2001). *Zu einer Theorie der musikalischen Reproduktion.* (2005). Frankfurt a. M.: Suhrkamp.

Becker, A./ Vogel.M [Hg.] (2007). *Musikalischer Sinn. Beiträge zu einer Philosophie der Musik.* Frankfurt a. M.: Suhrkamp.

Eco, Umberto (1977). *Das offene Kunstwerk.* Frankfurt. a. M.: Suhrkamp.

Eggebrecht, H.H. (1996). *Musik im Abendland. Prozesse und Stationen vom Mittelalter bis zur Gegenwart.* (6. Auflage, 2005). München: Piper.

Figal, G. (1992). *Kritische Theorie. Die Philosophen der Frankfurter Schule und ihr Umkreis.* (=Hüglig, A./Lübcke,P. [Hg]. (1992). *Philosophie im 20. Jahrhundert. Bd.1. Phänomenologie, Hermeneutik, Existenzphilosophie und Kritische Theorie.)* (4.Auflage, 2002). Reinbek bei Hamburg: Rowohlt Taschenbuch.

Read, S. (1997). *Philosophie der Logik. Eine Einführung.* Reinbek bei Hamburg: Rowohlt Taschenbuch.

Wellmer, A. (2009). *Versuch über Musik und Sprache.* München: Carl Hanser.

Wittgenstein, L. (1918). *Tractatus logic-philsophicus.* (= Ders. (1989). *Werkausgabe. Bd. 1.)* Frankfurt a. M.: Suhrkamp.

Wittgenstein, L. (1958). *Philosophie Untersuchungen.* (= Ders. (1989). *Werkausgabe. Bd. 1.)* Frankfurt a. M.: Suhrkamp.